| 1판 2쇄 발행 | 2022년 11월 10일 |

| 글쓴이 | 박열음 |
| 그린이 | 원정민 |

| 편집 | 이용혁 |
| 디자인 | 문지현 오나경 |

펴낸이	이경민
펴낸곳	㈜동아엠앤비
출판등록	2014년 3월 28일(제25100-2014-000025호)
주소	(03737) 서울특별시 서대문구 충정로 35-17 인촌빌딩 1층
홈페이지	www.moongchibooks.com
전화	(편집) 02-392-6901 (마케팅) 02-392-6900
팩스	02-392-6902
전자우편	damnb0401@naver.com
SNS	

ISBN 979-11-6363-313-6 (74400)

※ 잘못된 책은 구입한 곳에서 바꿔 드립니다.
※ 이 책에 실린 사진은 위키피디아, 셔터스톡에서 제공받았습니다.

도서출판 뭉치는 ㈜동아엠앤비의 어린이 출판 브랜드로, 아이들의 지식을 단단하게 만들어 주고, 아이들의 창의력과 사고력을 키워 주어 우리 자녀들이 융합형 창의 사고뭉치로 성장할 수 있도록 좋은 책을 만들겠습니다.

펴내는 글

지구 온난화로 먹거리가 떨어지면 어떡하죠?
새로운 미래 식량을 생산하는 데는 아무 문제가 없나요?

선생님의 질문에 교실은 일순간 조용해지기 시작합니다. 인내심이 한계에 다다른 선생님께서 콕 집어 누군가의 이름을 부르는 순간 내가 걸리지 않았다는 안도감에 금세 평온을 되찾지요. 많은 사람 앞에서 어떻게 말을 해야 할까 고민 한번 해 보지 않은 사람은 없을 겁니다.

사람들 앞에서 자신의 생각을 조리 있게 전달하는 기술은 국어 수업 시간에만 필요한 것이 아닙니다. 학교 교실뿐만 아니라 상급 학교 면접 자리 또는 성인이 된 후 회의에서도 자신의 의견을 분명히 표현할 수 있어야 합니다. 하지만 어디서부터 시작해야 할지 몰라 입을 떼는 일이 쉽지 않습니다. 혀끝에서 맴돌다 삼켜 버리는 일도 종종 있습니다. 얼떨결에 한마디 말을 하게 되더라도 뭔가 부족한 설명에 왠지 아쉬움이 들 때도 많습니다.

논리적 사고 과정과 순발력까지 필요로 하는 토론장에서 자신만의 목소리를 내려면 풍부한 배경지식은 기본입니다. 게다가 고학년으로 올라가서 배우는 수업과 진학 시험에서의 논술은 교과서 속의 내용만을 요구하지 않습니다. 또한 상대의 의견을 받아들이거나 비판하기 위해서도 의견의 타당성과 높은 수준의 가치 판단을 해야 하는 경우가 많은데, 자신의 입장을 분명히 하기 위해선 풍부한 자료와 논거가 필요합니다.

토론왕 시리즈는 사회에서 일어나는 다양한 사건과 시사 상식 그리고 해마다 반복

되는 화젯거리 등을 초등학교 수준에서 학습하고 자신의 말로 표현할 수 있도록 기획되었습니다. 체계적이고 널리 인정받은 여러 콘텐츠를 수집해 정리하였고, 전문 작가들이 학생들의 발달 상황에 맞게 스토리를 구성하였습니다. 개별적으로 만들어진 교과서에서는 접할 수 없는 구성으로 주제와 내용을 엮어 어린 독자들이 과학적 사고뿐만 아니라 문제 해결력, 비판적 사고력을 두루 경험할 수 있도록 하였습니다. 폭넓은 정보를 서로 연결 지어 설명함으로써 교과별로 조각나 있는 지식을 엮어 배경지식을 보다 탄탄하게 만들어 줍니다. 뿐만 아니라 국어를 기본으로 과학에서부터 역사, 지리, 사회, 예술에 이르기까지 상식과 사회에 대한 감각을 익히고 세상을 올바르게 바라보는 눈도 갖게 할 것입니다.

『곤충을 먹는다고? 식량 위기에서 인류를 구할 미래 식량』은 지구 온난화와 환경 오염 등으로 지구에 마땅한 먹거리가 사라질 경우를 대비해 다양한 미래 식량에 대해서 다루고 있습니다. 그동안 우리가 어떤 것을 먹고살았는지 알고, 앞으로 닥쳐올 식량 위기에서 미래 식량의 중요성을 깨닫게 된다면 이 책의 가치는 충분히 발휘된 것입니다. 또한 과학자들이 지구의 식량이 고갈될 것을 대비하여 개발하고 있는 식량에 대해 관심을 갖고, 더불어서 식량 주권 문제에 대해서도 문제의식을 갖게 된다면 더없이 소중한 시간이 될 것입니다.

편집부

 차례

펴내는 글 · 4
아름다운 세상 해외 봉사단 · 8

 **1장 우주선에 남겨진 아이들 · 11**

우리만 남은 거야? / 벌레를 먹는다니!
실험실에서 만드는 고기 / 꿀꺽 삼키면 하루를 버틸 수 있는 약

토론왕 되기! 미래 식량으로 개발된 것이 많이 있을까?
미래 식량 개발, 좋기만 할까?

 **2장 안전하고 맛있는 먹거리 · 35**

유기농은 어려워
더 크게, 더 맛있게!

토론왕 되기! 유기농 농사가 과연 지구를 덜 오염시킬까?

 **3장 배가 고픈 사람들 · 53**

굶주리는 사람들이 줄지 않는 이유
먹을 것이 나지 않는 땅이 있다
자기 먹을 것은 자기 손으로

토론왕 되기! 농사 지을 땅을 만드는 건 좋은 일일까?

뭉치 토론 만화
식량 주권과 식량 안보, 어떻게 지켜야 할까? · 77

4장 식량을 만드는 데 필요한 것 · 85

우리만의 농사법

첨단 기술이 먹거리에도

토론왕 되기! 농장은 어떻게 진화할까?

5장 먹지 못하게 될 때 · 101

농사는 어려워

고기를 만들 때 필요한 것

지구가 변하고 있어!

토론왕 되기! 지구 온난화가 우리 식량에도 영향을 미칠까?
우리나라에서 바나나가 재배된다고?

어려운 용어를 파헤치자! · 121
미래 식량 관련 사이트 · 124
신나는 토론을 위한 맞춤 가이드 · 125

1장

우주선에 남겨진 아이들

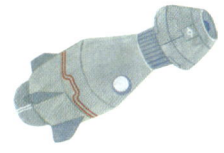

🪐 우리만 남은 거야?

 백 명이 넘는 승객을 태운 우주선이 캄캄한 우주를 지나가고 있었어요. 달에서 출발해 화성 기지에 내리는 우주선이었지요. 우주선에는 여행을 가는 사람들, 중요한 일이 있어서 가는 사람들, 그리고 여러 화물도 실려 있었어요.
 '쿵!'
 갑자기 큰 소리가 나면서 우주선이 마구 흔들렸어요. 우주선에 탄 사람들이 휘청거리며 넘어졌어요.
 "으악!"
 "뭐야?"

당황한 사람들은 흔들림이 멈추고 나서도 소리를 질렀어요. 우주선에 타고 있던 백 명도 넘는 사람들이 당황해서 소란을 피우니 정신을 차릴 수가 없었답니다.

"얘들아, 잠깐만 기다려. 무슨 일이 있는지 보고 올게."

어른들은 아이들만 남기고 우주선의 기관실로 우르르 달려갔어요. 순식간에 사람들이 쏙 빠져나가고, 우주선 복도에는 세 아이만 남게 되었어요.

"어른들은 언제 오는 걸까?"

"나도 모르겠어."

불안해진 세 아이는 함께 모여 어른들을 기다렸어요.

"나는 새일이야."

가장 먼저 자기소개를 한 여자아이 새일이는 세 아이 중 키가 가장 컸어요.

"나는 동진이라고 해. 무슨 일인지 아는 것 없니?"

두 번째로 인사를 한 동진이는 무척 똑똑해 보였어요.

"잘 모르겠어……. 하지만 괜찮을 거야. 내 이름은 해들이야."

마지막으로 해들이가 인사를 마쳤을 때, 쾅 하는 소리가 나며 셋 모두 바닥에 쓰러졌어요.

"꺄악!"

"어떻게 된 거야?"

끼기긱!

쓰러졌던 아이들이 일어난 지 얼마 지나지 않아서 소름 끼치는 소리가 났어요. 얼음을 서로 문지르는 듯한 소리와 함께 지진이라도 난 것처럼 우주선 전체가 떨렸답니다.

동진이와 해들이는 휘청거리다 다시 바닥에 쓰러졌는데, 새일이는 손잡이를 잡고 가까스로 버텼어요. 새일이는 얼른 창문을 통해 밖을 바

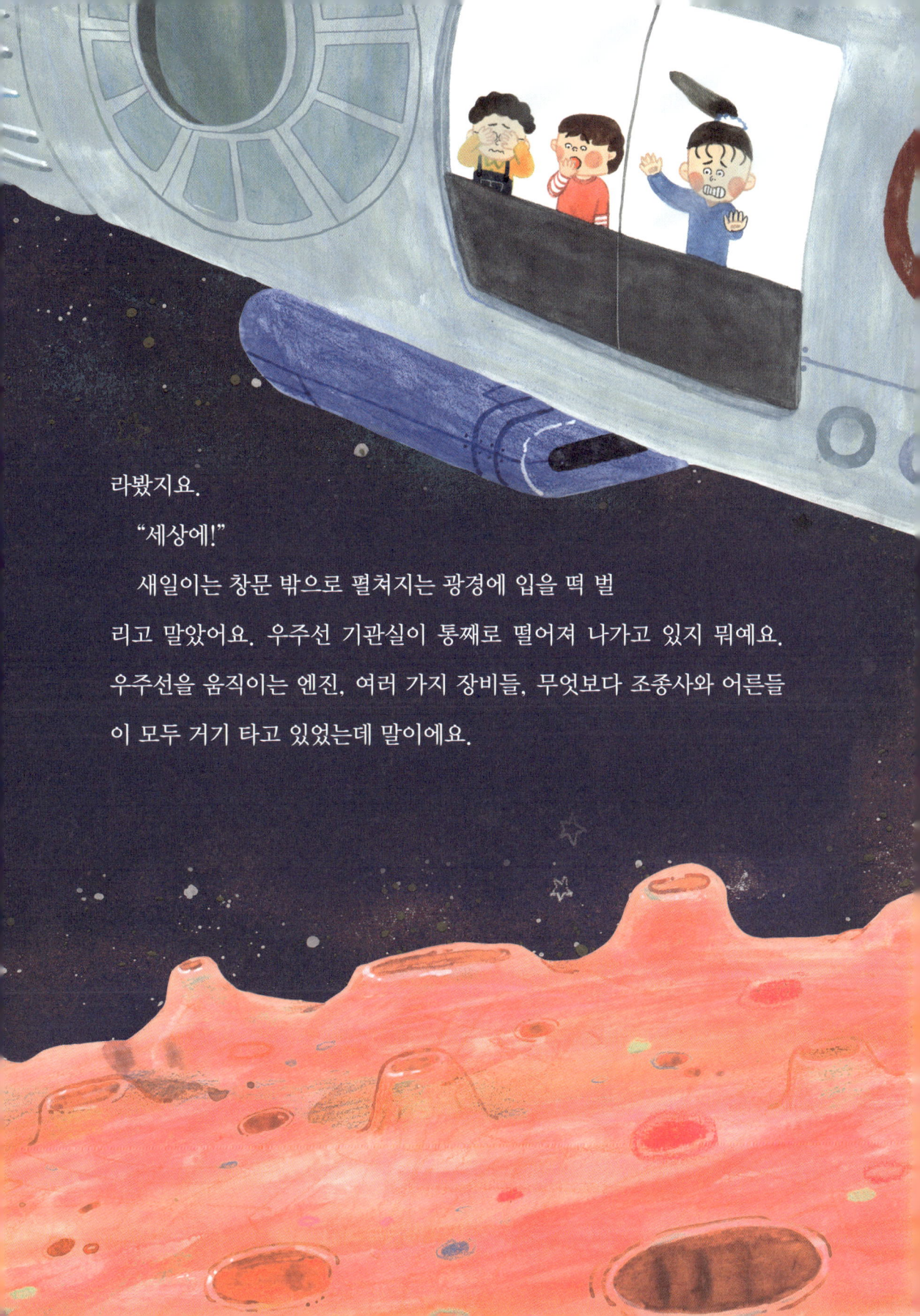

라봤지요.

"세상에!"

새일이는 창문 밖으로 펼쳐지는 광경에 입을 떡 벌리고 말았어요. 우주선 기관실이 통째로 떨어져 나가고 있지 뭐예요. 우주선을 움직이는 엔진, 여러 가지 장비들, 무엇보다 조종사와 어른들이 모두 거기 타고 있었는데 말이에요.

벌레를 먹는다니!

"이제 어떡하지? 큰일 났어!"

"걱정하지 마. 곧 어른들이 찾으러 올 거야……."

당황한 새일이를 해들이가 달랬어요. 하지만 해들이도 불안하긴 마찬가지였어요. 어른들은 모두 기관실에 가 있었고, 우주선에 남은 사람은 이 셋이 전부였으니까요.

"침착하게 생각해 보자. 우리는 우주에서 조난을 당한 거야! 정신을 차리지 않으면 집에 돌아가지 못할 수도 있어!"

동진이가 먼저 나서서 이야기를 시작했어요. 덕분에 새일이와 해들이도 울거나 소리를 지르지는 않고 옹기종기 모여 앉았지요.

"우주는 정말 넓으니까 어른들이 언제 우리를 찾으러 올지 아무도 몰라. 몇 시간만 기다리면 될지도 모르고, 몇 달이 걸릴 수도 있어."

드넓은 우주에서 몇 달 동안 구조 신호만 보내다 겨우 발견된 난파선에 대한 이야기는 뉴스에서도 자주 나왔어요. 하지만 자신들이 그 주인공이 될 줄은 상상도 못했답니다.

"그러면 어떻게 해?"

"어른들이 올 때까지 우리끼리 살아야 해. 다행히 공기와 물은 충분히 있어."

　우주선은 최대한 한 달 동안 우주여행이 계획되어 있어서 커다란 물탱크를 실어 놓은 상태였어요. 덕분에 마실 물이 부족하거나 씻지 못하는 일은 없을 것 같았어요. 게다가 화단에 꽃과 나무가 자라고 있어서 우주선 안의 공기는 계속 깨끗하게 유지되고 있었답니다.

　"하지만 먹을 게 없네."

　"우주선에서 굶어 죽고 싶지는 않아!"

　"구조대가 올 때까지 견딜 식량이 필요해!"

　당장 세 아이가 먹을 수 있는 음식은 식당에 남아 있는 음식뿐이었어요. 양식을 실은 탱크는 기관실 쪽에 있었는데, 아까 어른들과 함께 날아가 버렸지 뭐예요.

"그럼 우리 흩어져서 먹을 걸 찾아보자. 오래 보관할 수 있으면 더 좋아."

셋은 복도에서 다시 모이기로 하고, 세 방향으로 흩어졌어요. 각자 먹을 것을 찾기 위해 열심히 주변을 살폈지요.

"식당에 남아 있는 음식은 금방 상할 거야. 창고에 한번 가 볼까?"

동진이는 창고가 있는 쪽으로 향했어요. 혹시나 식당에서 쓸 재료가 있을지도 모르고, 화물 중에 과자처럼 간단하게 먹을 수 있는 음식이 있을지도 몰랐으니까요.

하지만 역시나 창고 문은 거의 다 잠겨 있었지요.

"어유. 역시 없네……. 어라?"

하지만 운 좋게도 딱 하나 문이 열려 있는 창고를 발견했어요. 동진이는 허겁지겁 창고를 향해 뛰어갔답니다.

"이건 아니고, 이것도 아니고……."

창고에 쌓여 있는 물건은 대부분 옷이나 신발 같은 화물이었어요. 그중에도 유난히 큰 상자를 찾아낸 동진이는 서둘러 상자를 열어 보았답니다. 그런데 이게 뭐죠?

"벌레잖아!"

상자 안에는 톱밥이 잔뜩 들어 있고, 그 사이사이 작은 애벌레가 꿈틀거리고 있었어요. 옅은 갈색으로 길쭉하게 생긴 애벌레였지요. 징그러웠지만 예전에 책에서 본 적이 있던 벌레였어요.

"이건 먹을 수 있을 거야!"

동진이는 용기를 내서 꿈틀거리는 애벌레를 잡고 생으로 먹어 봤어요. 텔레비전에서 누군가 그렇게 하는 것을 봤거든요. 처음에는 약간 징그러웠지만, 깨물어 보자 의외로 고소하고 맛있었답니다.

"내가 좋은 걸 발견했어!"

동진이는 벌레가 든 상자를 가져와 큰 소리로 새일이와 해들이를 불렀어요. 두 아이가 모이자 동진이는 상자를 열었어요.

"으악!"

"벌레잖아! 먹을 걸 찾기로 한 것 아니었니?"

깜짝 놀란 새일이와 해들이는 기겁하며 상자에서 멀어졌어요.

"이건 먹을 수 있는 밀웜이라고 하는 벌레야!"

"말도 안 돼! 게다가 살아 있잖아."

 밀웜

밀웜은 '갈색거저리'라는 딱정벌레의 애벌레예요. 생명력이 강해서 너무 춥지만 않게 하면 쉽게 기를 수 있어요. 또 영양가가 아주 높아 동물 먹이로도 많이 쓰여요. 앵무새나 도마뱀 같은 동물의 먹이로 많이 쓰이기 때문에 우리나라에도 밀웜 농장이 많이 있어요.

밀웜을 '고소애'라고 부르기도 하는데, 말 그대로 정말로 고소한 맛이 나서 그런 이름이 붙었어요. 작은 새우와 비슷한 맛이지요. 기르기 쉽고 몸에도 좋은 밀웜을 고기 대신 먹어야 한다는 사람들도 있어요. 하지만 생김새가 징그러워 아직은 싫어하는 사람이 훨씬 많은 것 같아요. 여러분은 어떤가요? 먹을 수 있을 것 같은가요?

두 아이가 너무 싫어하자 동진이도 실망해서 목소리가 줄어들었어요.

"요리하면 괜찮아."

"이걸 어떻게 요리할 건데?"

"잘 봐 봐."

동진이는 주방에 있는 프라이팬으로 밀웜을 달달 볶았어요. 주방 가득 고소한 냄새가 풍겼어요. 순간 새일이와 해들이는 먹어도 괜찮을지 모른다는 생각이 들었답니다.

"새우 같은 맛이 나."

동진이가 다 볶은 밀웜을 시범 삼아 먹어 봤어요.

"정 징그러우면 말린 다음 갈아 먹을까? 그러면 징그럽지 않겠지?"

좋은 생각이었지만, 새일이와 해들이는 고개를 저었어요. 역시 벌레를 먹는다는 건 소름이 돋는 일이었지요. 도저히 맛있게 먹을 수 없을 것 같았어요.

"얼른 버리고 와!"

새일이와 해들이가 생각보다 너무 싫어하자 자신만만하던 동진이도 어쩔 수 없었어요. 싫다는데 억지로 먹일 수야 없었으니까 말이에요.

"그럼 이건 정말 나중을 위해 남겨 두자."

동진이는 일단 밀웜을 상자에 넣었어요. 지금은 아니지만, 최후의 식량으로 먹게 될지도 모르니 잘 보관해 두기로 했지요.

실험실에서 만드는 고기

새일이는 우주선의 아주 구석진 부분을 찾아 들어갔어요. 깊숙이 숨겨진 곳에 뭔가 중요한 것이 있을지도 모른다고 생각했기 때문이지요.

그리고 얼마 뒤, 큰 소리로 나머지 둘을 부르며 달려왔지요.

"못 먹는 벌레는 그냥 두고 이리 와! 내가 맛있어 보이는 고기를 찾아냈다고!"

동진이가 밀웜을 치우고 오자 새일이가 둘의 손을 잡아당겼어요. 동진이와 해들이는 급하게 뛰어서 따라갔어요.

새일이는 점점 구석진 골목으로 들어갔어요. 그리고 어느 방으로 들어갔는데, 도저히 음식이 있는 곳 같아 보이지는 않았어요.

"여기는 실험실 아니야?"

그 방은 유리로 된 시험관이나 비커, 그리고 이름 모를 기계들과 약품이 잔뜩 놓여 있었답니다. 우주선에 과학 실험을 하는 공간을 만들어 두었나 봐요.

지상에서는 주변의 흔들림이나 바깥에서 들어오는 공기, 날씨의 변화 같은 문제 때문에 과학 실험을 방해받는 일이 많지요. 하지만 중력이 없는 우주에서는 그 걱정이 없어요. 그러니 우주선에 실험실을 설치하는 것은 아주 흔한 일이랍니다.

"설마 저 약품을 먹을 생각이야?"

실험실의 수많은 약품을 본 동진이가 깜짝 놀라 새일이를 말렸어요.

"아니야! 저길 봐, 비커 안에 고기가 들어 있어."

새일이는 말리는 동진이를 오히려 잡아당겼어요. 해들이도 그 뒤로 따라가서 살펴보았어요. 정말 비커 안에 빨간 고기가 들어 있었답니다.

"이 고기는 대체 뭐지? 왜 주방이나 창고가 아니라 실험실에 고기가 있는 거야?"

해들이가 비커를 들고 유심히 바라봤어요. 비커 속에 있는 고기는 티 하나 없이 아주 새빨간 색이었어요. 다른 고기에서 쉽게 보이는 흰색이나 노란색 부분이 거의 없었지요. 마트에서 파는 고기와는 확실히 달랐어요.

"혹시 이 고기는 실험실에서 만든 게 아닐까?"

"실험실에서 어떻게 고기를 만드냐?"

"혹시 모르잖아! 약품을 이용해서 고기를 만들었을 거야. 아니면 왜 이런 곳에 고기가 있겠어?"

"어쨌든 이것도 고기야! 분명 먹을 수 있을 거야."

새일이가 환하게 웃으며 비커에 든 고기를 꺼냈어요. 부드럽지 않고 좀 딱딱한 느낌이었지만, 그래도 맛있어 보였어요.

"그런데 넌 요리할 줄 아니?"

"내가 할 수 있어."

해들이가 실험실에 있는 알코올램프에 불을 켜고, 프라이팬 대신 철판을 삼발이에 올렸어요. 충분히 뜨거워졌다 싶을 때 고기를 올려놓자, 치이익 소리가 나면서 고기가 익기 시작했어요.

"맛있는 냄새가 나."

한동안 우주선 안을 뛰어다니느라 배가 고파진 세 아이는 잘 구워지길 기다리며 군침을 흘렸어요.

"이제 다 됐어."

해들이가 고기를 꺼내서 세 조각으로 자르려 할 때였어요. 그만 고기의 바닥이 까맣게 타 있지 뭐예요.

"윽! 왜 이렇게 됐지?"

"기름이 없어서 그런 것 아닐까? 원래는 고기를 구울 때 기름을 두르잖아."

철판에 딱 달라붙은 부분을 떼어 내고, 겨우 고기를 세 조각으로 나눌 수 있었어요. 세 아이는 구운 고기를 동시에 입에 넣었답니다.

"으윽!"

"이게 무슨 맛이야?"

"고기 맞아?"

너무 맛이 없어서 모두 고기를 그대로 뱉을 뻔했답니다. 꼭 고무를 씹는 것 같았거든요. 탄 맛만 나고, 질겨서 씹기도 힘들었어요. 귀중한 음식이라 꾹 참고 삼켰지만, 얼굴이 저절로 찌푸려졌어요.

"대체 무슨 맛이 이래?"

새일이가 씩씩거리며 소리쳤어요.

"너무 살코기만 있어서 그런 것 아닐까? 고기에는 적당히 기름도 섞여 있어야 맛있다고 들은 적 있어."

가축에게서 얻은 고기는 근육, 지방, 그 외 여러 성분이 들어 있고, 근육 안에 당분이나 물을 저장하기도 해요. 고기를 익히면 그 성분이 뒤섞이면서 복잡한 화학 반응을 일으켜 맛있는 성분으로 바뀐답니다. 그런데 실험실에서 만든 배양육은 살코기밖에 없었어요. 그러니 익혀도 맛있을 수가 없었지요.

"이건 도저히 못 먹겠어!"

"어차피 더 먹지도 못해. 만들 줄 모르니까."

 배양육이 뭘까?

실험실에서는 영양분이 담겨 있는 약품과 동물의 성장을 도와주는 약품으로 미생물을 기른답니다. 그 미생물을 이용해 병을 치료하는 약품을 만들기도 하고, 새로운 약의 위험성을 알아내기도 하지요. 그런데 이 영양 약품을 이용해 고기를 만들 수도 있다는 사실, 알고 있나요? 동물의 세포를 조금 떼어 내고, 세포가 스스로 자랄 수 있도록 약품을 넣어 주어 기르면 점점 불어나 고깃덩어리가 된다고 해요. 이렇게 실험실에서 만들어 낸 고기를 배양육이라고 해요. 배양육을 이용하면 동물을 기르지 않고, 공장에서 고기를 만들어 낼 수도 있어요. 하지만 배양육은 아주 비싸다는 것이 단점이에요. 배양육을 만드는 데 필요한 약품이 값비쌀 뿐 아니라, 온도나 습기를 정확하게 맞추고 세균이 절대 침입하지 못하게 해야만 먹을 수 있는 고기가 만들어지기 때문이지요. 그래도 동물을 기르는 것에 비해 1%의 땅과 2%의 물만 필요하며, 온실가스 90%와 에너지 45%를 줄일 수 있다고 하니, 환경을 생각한다면 미래 식량으로 개발할 필요가 있겠지요?

해들이는 혹시나 새일이가 실험으로 고기를 더 만들까 봐 걱정이었는데, 다행이었어요. 실험실에서 먹을 수 있는 고기를 만드는 법이 얼마나 복잡할지 상상도 되지 않았지요. 복잡한 약품을 섞어 쓰고, 온도와 습도를 맞추고, 세균이 들어가지 않도록 조심하고……. 그 외에도 해야 할 일이 엄청나게 많을 게 뻔했어요. 무엇보다 맛이 없었어요. 결국 실험실에서 만드는 고기는 포기할 수밖에 없었답니다.

꿀꺽 삼키면 하루를 버틸 수 있는 약

"나도 좋은 걸 발견했어."

맛없는 고기를 먹고 입맛만 버린 친구들을 해들이가 잡아끌었어요. 해들이는 복도 구석에 있는 문을 열었답니다. 그 안에는 눈에 띄는 주황색 옷이나 안전모, 어디에 쓰는 것인지 모르는 물통 같은 잡동사니들이 가득 들어 있었지요.

"지난번에 어른들이 여기서 먹을 것 꺼내는 걸 봤거든. 분명 이 안에 있었는데?"

"비켜 봐. 내가 치워 볼게."

키도 크고 힘도 센 새일이가 나서서 잡동사니들을 끄집어냈어요. 복도가 가득 찰 정도로 꺼내고 나서야 해들이가 찾던 물건이 나왔답니다. 그건 바로 주먹보다 조금 큰 정도의 작은 상자였어요.

"이 상자는 뭐야?"

새일이가 상자의 뚜껑을 열자, 그 안에는 알약이 가득 들어 있었어요. 하얀 알약에는 아무것도 적혀 있지 않았고, 대신 뚜껑에 설명서가 붙어 있었지요.

설명서에는 비상식량이라고 적혀 있었어요. 물을 충분히 마시면서 먹으면 알약 하나만으로 하루 동안 배고픔 없이 지낼 수 있다고 하지 뭐예요.

"비상식량이라고? 이 약이?"

"하루 한 개만 먹으면 충분하대."

세 아이는 의심스러운 눈으로 알약을 바라봤어요. 믿기는 힘들었지만 어쩔 수 없었어요. 더는 먹을 게 없었으니까요. 세 아이는 알약을 하나씩 꺼내고, 물과 함께 꿀꺽 삼켰지요.

"나 배고파."

"나도 그래……."

알약만으로도 먹고살 수 있을까?

위기 탈출 미래식량

우리가 살아가려면 여러 가지 영양소가 필요해요. 그중에도 가장 중요한 것이 바로 에너지를 내는 영양소지요. 고기에서 주로 얻을 수 있는 지방과 단백질, 밥이나 빵에서 얻을 수 있는 탄수화물, 이 세 성분은 소화되어 에너지로 바뀌어요. 에너지는 우리 몸을 따뜻하게 해 주고, 팔다리와 장기를 움직이는 데 꼭 필요해요. 또 무기염류는 우리 몸 곳곳에서 중요한 역할을 해요.

소금이나 칼슘이 바로 무기염류인데, 칼슘은 뼈를 만드는 데 쓰이고 소금은 신경 신호를 전달하는 데에 꼭 필요해요. 마지막으로 비타민은 우리 몸의 균형을 유지해 병에 걸리지 않게 해 주지요. 만약 이런 성분을 빠짐없이 모은 약을 만들면 그 약만 먹고도 살 수 있을 거예요. 언젠간 그런 날이 오겠지요?

"일단 좀 쉬고 다시 먹을 것을 찾아보자."

각자 방에서 한숨 자고 일어난 다음, 세 아이는 다시 복도에 모였어요. 모두 배가 고파서 참기 힘들 정도였지요.

"알약을 먹었는데도 배가 고프네."

"혹시 그 약은 정말 굶어 죽지만 않게 해 주는 것 아닐까? 그래서 먹어도 배가 부르지 않는 걸지도 몰라."

동진이의 말에 새일이는 얼굴을 찌푸렸어요.

"그럼 어떡해? 어른들이 올 때까지 이대로 있으란 말이야?"

"밀웜이 있잖아. 볶아 먹으면 맛있다니까! 아까 먹었던 고기보다는 훨씬 나아."

동진이가 다시 밀웜 이야기를 꺼냈어요.

"나보고 벌레를 먹으란 말이니? 내가 새인 줄 알아?"

"나는 먹었어!"

둘이 큰 소리로 씩씩거리며 말싸움을 하자 해들이가 얼른 끼어들었지요.

"그만해. 이렇게 싸우면서 에너지를 쓰면 배가 더 고프다고."

해들이 덕분에 싸우던 두 아이도 잠시 멈춰 섰어요. 가운데 낀 해들이는 동진이와 새일이 이야기를 들어주며 두 사람을 화단 근처로 데리고 갔답니다.

"봐, 여기 흙이 있잖아. 꽃과 나무가 자라니까, 먹을 수 있는 식물을 심어도 잘 자라지 않을까?"

해들이의 말에 새일이와 동진이는 잠시 화단을 바라봤어요. 예쁜 꽃이나 나무가 자라고 있었지만, 지금은 도움이 되지 않았어요.

"정말 할 수 있을까?"

"한번 해 보자. 이대로 손 놓고 있는 것보다는 나을 거야."

토론왕 되기!

미래 식량으로 개발된 것이 많이 있을까?

밀웜이나 배양육 말고도 미래 식량으로 주목 받는 음식은 많이 있어요. 하지만 아직은 우리가 자주 먹는 식량을 대신할 만큼 많이 생산되거나, 사람들이 거리낌 없이 먹을 수 있게 개발된 식량은 많지 않아요.

미래 식량으로 주목 받고 있는 음식 중 하나가 바로 클로렐라예요. 클로렐라는 강물이나 호수에 생기는 단세포 녹조인데, 여름에 강물을 녹색으로 만드는 이끼와 같은 종류예요. 빛과 영양분만 있으면 아주 빠른 속도로 자라고, 우리 몸에 필요한 영양분이 골고루 들어 있어 미래 식량의 후보가 되었죠. 하지만 결정적인 단점! 소화가 잘 되지 않고 맛이 없다는 점이에요. 게다가 생산하는 데 비용이 많이 들어서 단독 식품으로 개발하기가 어려워요. 그래서 현재는 다른 식품의 첨가물이나 영양제의 원료 등으로 쓰이고 있죠.

미래 식량 개발, 좋기만 할까?

크릴새우는 남극 대륙 주변 남극해에 주로 서식하고, 커다란 고래들이 주로 먹을 정도로 수가 많고, 영양소도 풍부해요. 하지만 크릴새우는 맛이 없고 비린내가 많이 나서 사람이 먹기 어려워요. 잘 요리하면 괜찮지만, 일상적으로 먹기에는 적당하지 않지요. 단백질이 풍부해서 노르웨이에서는 연어 및 애완동물 사료로 쓰이고, 우리나라에서는 냉동 크릴새우를 주로 낚시 미끼로 사용했어요.

그런데 최근 크릴새우에 오메가3 지방산이 풍부하다는 사실이 밝혀지면서 크릴새우 가공식품이 주목 받기 시작했어요. 미래 식량이 아니라 건강식품으로 인기가 높아진 거예요. 그동안 오메가3 지방산을 주로 추출해 온 연어와 참치에 수은이 함유되어 있다는 소식이 발표되면서 대체 식품으로 각광받게 된 것이지요. 남극의 펭귄과 고래의 주 먹이였던 크릴새우가 이렇게 사랑받게 되자, 과연 어떻게 되었을까요?

크릴새우의 개체 수는 1970년대에 비해서 80% 정도나 감소했다고 해요. 지구 온난화로 개체 수가 확 줄어든 이유도 있겠지만, 엄청난 규모로 포획하고 있으니 개체 수가 주는 건 당연한 일이겠지요. 맛과 상관없이 미래 식량으로서 존재할 수 있을지 모르겠어요.

미래 식량을 찾을 때 주의해야 할 점을 생각해 보아요.

미래 식량을 찾아라!

다음 중 미래 식량으로서 검토하고 있는 것이 아닌 것은 무엇일까요?

1 크릴새우

2 밀웜

3 클로렐라

4 배양육

5 지렁이

정답 ❺ 지렁이

2장

안전하고 맛있는 먹거리

유기농은 어려워

"산소는 공기 정화 장치가 만들어 주니까 꽃을 전부 뽑자."

새일이는 맨손으로 화단의 꽃을 쑥쑥 뽑아냈어요. 예쁜 꽃이 아까웠지만, 지금은 먹을 것을 만드는 일이 더 중요했으니까요. 그리고 동진이는 화단에 심을 식물을 찾아왔어요. 식당에서 먹고 남은 딸기 줄기를 찾아내고, 생감자와 생고구마를 작게 잘라 몇 조각으로 나눴답니다. 또 과일이나 채소의 씨앗도 찾아냈지요. 해들이는 이것들을 흙 속에 정성스럽게 심었어요.

"이제 물을 주고 기다리면 먹을 수 있는 음식이 될 거야. 감자와 고구마는 정말 빨리 자란다고 했으니까 조금만 더 참자."

흙투성이가 된 세 아이는 알약 말고 다른 먹거리를 떠올리며 활짝 웃었어요.

"그럼 우리는 물만 주면 되는 거야?"

"아니야. 잡초를 뽑고, 벌레를 잡고, 비료도 줘야 해. 그렇지 않으면 크기도 작고 맛도 없을 거야."

해들이는 식물이 흙 속에 심기만 한다고 쑥쑥 자랄 리는 없다고 생각했어요. 그렇게 쉬운 일이라면 농부들이 매년 고생해서 농사를 지을 필요는 없을 테니까요.

"우리는 비료만 있으면 되겠네."

다행히 우주선의 화단에는 잡초라고는 한 포기도 없었고, 잎을 갉아 먹는 해충도 없었어요. 그런데 비료는 어디서 찾죠?

"비료는 유기농으로 하자!"

새일이가 갑자기 손을 들고 큰 소리로 외쳤어요. 텔레비전에서 항상 유기농이 좋다고 했던 게 기억났거든요.

"유기농이 좋다고 뉴스에서 많이 얘기했던 것 같아."

"그런데 넌 유기농이 뭔지는 아니?"

"농약이나 화학 비료를 쓰지 않고 농사를 짓는 거야. 우렁이나 오리를 풀어서 해충을 쫓아 낸대."

"그런 게 있다면 일단 우리가 먼저 먹겠다. 게다가 여긴 해충도 없어

서 어차피 농약 같은 게 필요 없잖아."

"하지만 농사를 짓는 데에는 비료가 꼭 필요해. 동물의 똥이나 죽은 풀을 썩혀 비료를 만든다고 했어. 마침 우리한테는 재료도 있잖아!"

새일이는 화단에서 뽑아냈던 꽃을 가리키며 말했어요.

"저 풀로 비료를 만들면 식량 걱정은 안 해도 돼!"

새일이는 화단에서 뽑았던 꽃을 커다란 통 안에 마구 쌓아 놓았어요. 통 안에서 썩혀 비료로 만들 생각이었지요.

"저걸로 잘될까?"

동진이는 새일이와 해들이가 하는 유기농이 성공할지 의심스러웠어요. 유기농 비료를 그렇게 쉽게 만들 수 없다는 생각이 들었거든요. 과연 새일이와 해들이의 유기농 비료 만들기는 성공할 수 있을까요?

"이게 뭐야?"

며칠 뒤, 해들이는 코를 찌르는 썩은 냄새 때문에 아침 일찍 잠에서 깨어났어요. 벌떡 일어나, 코를 막고 냄새가 나는 곳을 찾아갔지요.

"윽!"

문제는 바로 유기농 비료를 만드는 통이었어요. 화단에서 뽑은 꽃을 이용해 비료를 만들려 했는데, 시든 꽃은 비료가 되기는커녕 고약한 냄새를 내며 썩어 버리고 말았어요.

통 안에 있던 꽃들은 흐물흐물하게 물러진 데다 시퍼런 곰팡이가 잔뜩 피어났어요. 거기서 나는 냄새는 독했을 뿐 아니라, 나쁜 가스까지 생기고 있었어요. 통을 들여다봤던 해들이는 눈이 따가워 얼른 고개를 돌렸어요.

"이건 못 쓰겠어."

이런 걸 비료라고 줬다간 화단에 심은 채소들도 같이 썩어 버릴 게 분명했어요.

"잘될 줄 알았는데……."

새일이가 깜짝 놀라며 막대기로 통 안을 휘저었지만, 역시나 쓸 만한 비료는 조금도 없었어요. 통 안에 들어 있는 썩은 풀을 모두 쓰레기통에 버릴 수밖에 없었답니다.

"유기농이 쉽지 않구나……."

비료를 주지 못하자 화단에 심은 씨앗이나 고구마 등은 제대로 자라지 못했어요. 작은 화단의 흙에는 채소가 무럭무럭 자랄 만한 영양분이 전혀 없었으니까요.

"이제 어떡하지?"

이러다가 정말 구조될 때까지 굶게 되는 것 아닐까, 세 아이는 걱정되었어요. 비상용 알약이 있다고는 하지만, 배부르지도 않고 맛도 없으니 엄두가 나질 않았지요. 게다가 아무리 모든 영양소를 갖추었다고 해도, 비상식량만 먹으면 몸에 좋지 않을 것 같았어요. 세 아이는 점점 불안해지고 무서워지기 시작했어요.

"분명 유기농이 좋다고 했는데."

"맞아, 유기농 식품은 자연과 비슷한 곳에서 만들어진 건강한 먹거리라고 했어."

새일이와 해들이는 유기농이 좋다는 말만 들었지, 유기농 농사법이 얼마나 어려운지는 잘 몰랐지요.

"어쩔 수 없어, 오늘도 알약을 먹자."

해들이의 말에 새일이는 얼굴을 잔뜩 찌푸렸어요.

새일이와 해들이가 알약을 먹으려는 그 순간, 동진이가 뭔가를 품에 안고 가져왔어요.

유기농은 왜 비쌀까?

유기농으로 먹거리를 만드는 것은 생각보다 훨씬 어려워요. 화학 비료가 없으면 나무와 채소가 시들거나 영양분이 부족해 충분히 자라지 못할 수도 있거든요. 그래서 건초나 동물의 똥으로 천연 비료를 만들기도 해요. 하지만 천연 비료를 만드는 일도 쉽지 않아요. 냄새가 심하고 힘들 뿐 아니라, 자칫 잘못하면 그냥 썩어 도저히 비료로 쓰지 못하게 될 수 있거든요. 그렇게 만든 천연 비료는 사실 화학 비료보다 효과가 약해요. 또 농약을 쓰지 않아 벌레나 질병을 완벽하게 막을 수도 없어요. 벌레 먹은 채소, 병으로 시들어 버린 나무 때문에 수확할 수 있는 양도 적은 편이지요.

유기농으로 농사를 지으려면 엄청난 노력이 필요하고, 화학 비료와 농약을 쓰는 것보다 수확 양이 적어요. 그러니 당연히 가격이 좀 더 비쌀 수밖에요.

"얘들아, 이거 먹자!"

동진이가 안고 있는 바구니에는 방울토마토와 감자, 땅콩 같은 먹거리가 가득 담겨 있었어요.

"너 이걸 어디서 구했어?"

"화분에 시험 삼아 길러 봤지!"

동진이가 웃으면서 새일이와 해들이를 바라봤어요. 두 아이는 신선한 먹거리를 보고 따라서 활짝 웃었어요.

더 크게, 더 맛있게!

며칠 전 새일이와 해들이가 유기농으로 먹거리를 만들기 위해 흙을 헤집고 있을 때, 동진이는 몰래 자리를 빠져나왔어요.

"유기농이 그렇게 쉬울 리 없어."

동진이는 함께 화단에서 농사를 짓는 대신, 실험실을 샅샅이 뒤졌어요. 배양육이 있던 실험실이니 다른 먹거리에 관련된 실험도 하고 있었을 거라고 생각한 거죠. 그리고 동진이는 곧 원하는 것을 찾아냈어요.

"바로 이거야!"

동진이가 찾던 것은 바로 GMO(유전자 조작 농산물) 식물이었어요.

동진이가 실험실에서 찾은 작은 통에는 이름표가 붙어 있었어요. 그 안에는 씨앗이나 떡잎이 난 작은 새싹이 잔뜩 담겨 있었어요. 동진이는 GMO 씨앗과 화분을 자기 방으로 가져왔어요. 우주 재배용으로 개발

GMO
(Genetically Modified Organism, 유전자 조작 농산물)

GMO는 1970년대 세상에 처음 등장했어요. 기존 생물체 속에 다른 생물체의 유전자를 끼워 넣어, 기존 생물체에 존재하지 않던 새로운 성질을 갖도록 한 생물체를 말해요. 이렇게 유전자를 변형, 조작하여 생산량을 늘이고 상품의 질을 높이려고 한 것이지요. 현재 미국에서 생단되는 콩, 옥수수, 면화의 90% 이상이 GMO라고 하는데, 문제는 이것에 발암 물질로 유명한 글리포세이트 성분이 이들 농산물의 제초제로 사용되었기 때문이에요. GMO에 대한 안전성은 아직 검증되지 않았기 때문에 현재 대부분의 GMO는 사료용이나 바이오 연료로 사용되고 있어요. 하지만 세계 자원 연구소가 발표한 보고서에 따르면 2050년까지 100억 명의 인구를 부양하려면 어떻게든 미래 식량을 확보해야 하는데, GMO도 그 대책이 될 수 있다고 해요. 미래에는 안심하게 먹을 수 있는 GMO 식품이 나오길 기대할 수 있을까요?

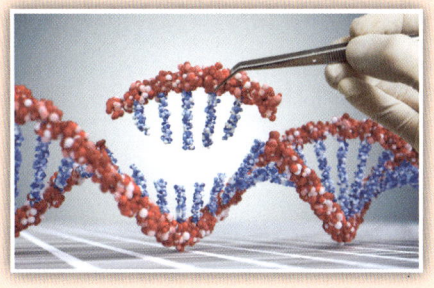

되어 수확이 매우 빠른 GMO를 화분에다 심어 몰래 기를 생각이었거든요.

동진이는 가지고 온 씨앗을 전부 심었어요. 그리고 새일이와 해들이가 유기농으로 식물을 기르는 사이, 아무도 모르게 조심조심 물을 주었답니다.

GMO 식물은 화단에 기른 식물보다 훨씬 빠르고 튼튼하게 자랐어요. 비료를 주지 않아도, 적은 양분으로 쑥쑥 자라나기 시작한 것이에요.

"다 기르기엔 화분이 너무 좁아."

너무 크게 자라는 바람에 서로 뒤엉킬 지경이었지요. 동진이는 아깝지만 늦게 크는 싹은 치워 버리고, 잘 자라는 싹만 널찍하게 다시 심었어요. 그 덕분에 더욱 빠르게 자랐답니다. 며칠 만에 먹음직스러운 열매가 열리거나, 땅속에서 통통하게 살찐 줄기가 올라왔어요.

"GMO라는 걸 알면 싫어하지 않을까?"

동진이는 유기농을 좋아하는 새일과 해들이 GMO를 싫어할 것 같았어요. GMO가 몸에 좋지 않다는 이야기도 많이 있었으니까요. 하지만 동진이는 그 말을 믿지 않았어요. GMO도 다른 음식과 똑같은 음식이라고 생각했어요.

"어차피 몸속에 들어가 소화되면 다 똑같은 것 아니야?"

사실 동진이가 생각하는 대로 GMO가 직접 우리 몸에 나쁜 영향을 끼치지는 않아요. 우리 몸속에서 소화되면 똑같이 에너지로 바뀔 뿐이지요. 하지만 GMO는 우리가 소화하지 못하는 성분을 만들거나, 유전자끼리 서로 뒤섞이다가 예상치 못하게 독 성분을 만들어 낼 가능성이 전혀 없지는 않답니다.

GMO가 정말 해로운지 아닌지, 아직 다 밝혀지지는 않았어요. 일부 나라에서는 GMO 기르는 것을 금지하기도 하는데, GMO를 아예 먹지 않는 나라는 많지 않지요. 콩이나 옥수수 등은 이미 GMO 종자가 널리 퍼져 있는 상태라 선택의 폭이 좁기도 하고요.

"혹시 어딘가 몸에 해롭더라도 안 먹는 것보다는 나을 거야."

동진이가 GMO라는 것을 숨기고 가져온 음식 덕분에 세 아이는 오랜만에 배부르게 먹을 수 있었어요.

"맛있는 걸 먹으니까 좀 살 것 같아."

세 아이는 벗겨 낸 감자 껍질이나 토마토 꼭지를 정리한 뒤 다시 모

였어요.

"너희, 서로 할 말 있지 않니?"

해들이가 서먹서먹하게 있는 동진이와 새일이를 번갈아 바라보며 부추겼어요.

"저번에는 내가 잘못했어. 너무 배가 고파서 괜히 화를 냈어……. 미안해."

"괜찮아. 갑자기 벌레를 먹으라고 하면 싫어할 수도 있지. 나야말로 미안해."

고집을 부리던 두 아이가 드디어 화해했답니다.

토론왕 되기!

유기농 농사가 과연 지구를 덜 오염시킬까?

시골에서 농사를 지어 식량을 직접 재배하는 일은 자연과 어울려 지내는 것일까요? 농사는 식물을 길러 푸른 풀밭이나 나무를 기르는 것이기 때문에 지구 환경을 오염시키지 않는다고 생각하기 쉬워요. 하지만 농사를 짓는 일은 의외로 환경을 많이 오염시켜요. 자연과 싸워야 할 때도 많이 있고요. 어째서 그런 일이 생기는지 한번 알아볼까요?

첫 번째로 농약과 화학 비료가 환경을 오염시킵니다. 농약은 나쁜 해충을 막기 위한 약이지만, 해충만 골라 죽이지는 못해요. 유익한 나비나 벌이라도 농약에 닿으면 전부 죽어 버리지요. 논이나 밭에 있는 곤충이 모두 사라져 버리는 거예요.

화학 비료에는 식물을 잘 자라게 하는 영양소가 들어 있지만, 너무 많이 들어 있기 때문에 문제가 되기도 해요. 논과 밭에 영양소가 너무 많이 쌓여 주

변 땅이 오염되기도 하고, 근처 강을 오염시키기도 해요. 비가 내리면 남은 비료가 강이나 바다로 흘러 들어가는데, 영양분이 너무 많아져서 강에 세균이나 이끼가 잔뜩 생겨요. 바로 녹조가 생기는 거예요. 이렇게 갑자기 불어난 녹조가 죽으면 물이 썩어 악취가 나고, 물고기가 살기 어려워져요. 그럼 화학 비료와 농약을 쓰지 않으면 되는 거 아니냐고요?

유기농 재배법이 무조건 환경을 지킨다고 보기도 어려워요. 논이나 밭은 식물이 잔뜩 자라기 때문에 자연의 일부처럼 보이지만 사실 그렇지 않아요. 숲이나 초원은 여러 식물이 뒤엉켜 있는데, 그 속에 많은 곤충이나 동물이 어울려 살아요. 하지만 논과 밭은 사람이 정한 한 가지 식물만 빼곡히 자라지요. 겉보기에는 푸르고 싱그러워 보여도, 동물의 보금자리가 되지도 못하고 여러 풀과 나무가 어울려 자라지도 못하는 거예요. 결국 인위적인 재배일 수밖에 없지요.

그러다 보니 자연재해가 발생하거나, 기후가 변해 여러 동물이 위기에 처했을 때 동물들을 보호하거나 생태계를 되돌리는 데 도움이 되지 못한답니다. 또 소나 돼지, 닭 같은 동물을 기르는 일도 자연을 오염시켜요. 특히 동물의 똥이 강물로 흘러가면 비료와 똑같이 물을 썩게 만들지요.

이런 이유 때문에 농약과 화학 비료를 잔뜩 쓰는 편이 자연을 덜 오염시킨다고 말하는 사람도 있어요. 유기농보다 좁은 땅에서 많은 식량을 만들 수 있으므로 겉보기엔 환경을 더 오염시키는 것 같아도, 전체 양으로 보면 오히려 자연에도 이롭다는 논리예요.

여러분이 농사를 짓게 된다면 어떤 방법을 택할까요?

찾아볼까요?

다음 중 유기농 비료가 아닌 것을 골라 보세요.

1

닭똥으로 만든 비료

2

소똥과 풀을 오랫동안 숙성시킨 더미

3

말린 생선 가루

4

화분용 영양제

5

나무가 타고 남은 재

3장

배가 고픈 사람들

🔵 굶주리는 사람들이 줄지 않는 이유

"배가 고프다는 건 정말 무섭구나."
"맞아. 별것 아닌 일로 싸움까지 했잖아."
해들이가 말하자 새일이와 동진이는 부끄러워 고개를 숙였어요.
"맛있는 음식을 배불리 먹는 것은 우리 생각보다 훨씬 중요한 일이었나 봐."

세 아이 모두 집에 있을 때는 이렇게 굶주려 본 적이 없었으니까요. 어쩌다 가끔 한 끼 정도 늦게 먹어 본 일이 전부였어요. 알약 덕분에 굶어 죽을 걱정은 없었지만, 이렇게 배고픔을 느껴 본 것 자체가 처음이었지요.

"요즘은 굶는 사람이 없어서 다행이야. 아마 이렇게 배고픈 건 우리처럼 조난된 사람뿐일 거야."

새일이가 그렇게 말하자 해들이는 고개를 저으면서 말했어요.

"아니야, 아직도 세상엔 배부르게 먹지 못하는 사람이 아주 많다고 했어."

"세상에, 요즘 같은 시대에 누가 밥을 굶니?"

새일이가 믿기 힘들다는 표정을 지었어요. 하지만 해들이는 어디선가 가져온 책을 펼쳐서 보여 줬답니다.

"여길 봐. 옛날, 2019년에는 8억 명이 굶주렸대. 이때 세계 인구가 77억 명이었으니 10명 중 한 명은 충분한 식량이 없어 고생했던 거야. 지금은 나아졌지만, 그래도 20명에 한 명은 굶주린다고 해."

"거짓말 아니야? 우리 학교는 한 반에 20명이지만, 굶주리는 친구는 없다고!"

동진이가 책 내용을 의심했어요. 동진이의 주변에는 그렇게 굶는 사람이 많지 않았으니까요. 실제로 새일이도 해들이도 주변에서 굶주리는 사람을 찾기는 힘들었어요.

"그건 다 이유가 있어. 지도를 봐."

지도에는 기아가 많은 나라와 식량이 풍부한 나라가 색깔로 구분되어 있었어요.

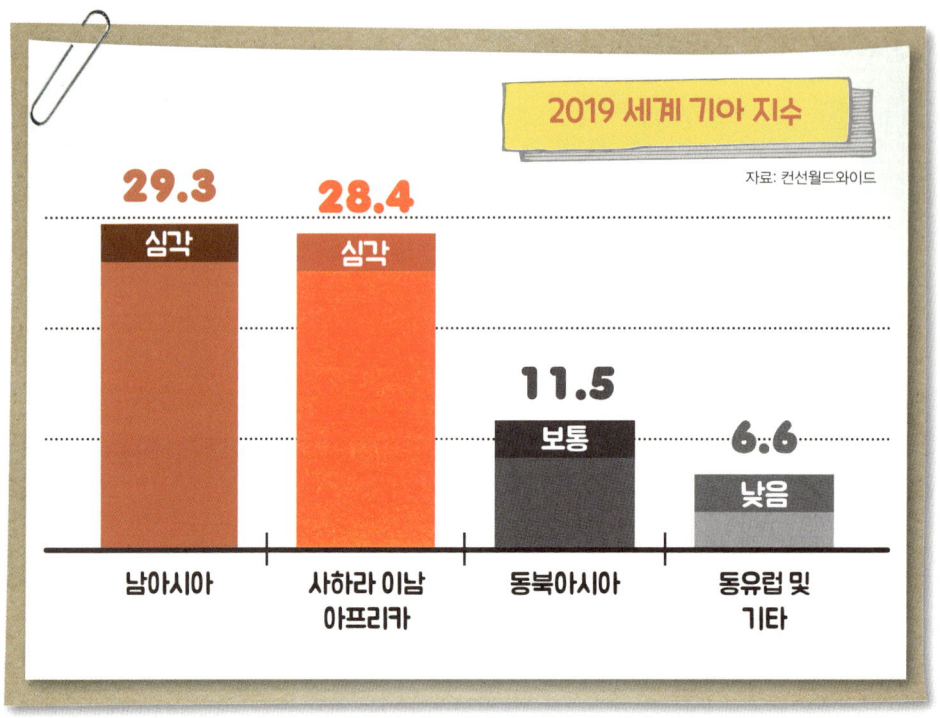

"아프리카가 가장 심각하구나. 인도에도 기아가 많네."

"맞아. 우리나라는 기아가 거의 없지만, 다른 나라는 아직 굶는 아이들이 많대."

주변에서 굶주리는 사람을 찾기 힘든 건 당연한 일이었어요. 새일이와 동진이, 해들이는 가난하다는 이유로 굶주려 본 적도 없고, 그런 사람들은 본 적이 없었거든요. 진짜 굶주리는 아이들은 먼 곳에 있으니 만나지 못했을 뿐, 아직도 많은 아이가 식량이 모자라 배고픔에 시달리고 있었던 것이에요.

"세상에, 얼마나 힘들까?"

특히나 한창 몸이 쑥쑥 자랄 나이의 아이들은 충분한 영양소를 섭취해야 해요. 중학생, 고등학생은 다 큰 어른보다 더 많이 먹어야 할 정도랍니다. 하지만 어렸을 때 충분한 음식을 먹지 못해 영양소가 부족하면 몸이 자라지 않고 약해져요. 키가 작고 힘이 약한 건 당연하고, 뼈가 약해서 넘어지기만 해도 부러지거나, 심장이나 허파 같은 장기가 약해 제 역할을 못 하기도 한답니다.

또, 영양분이 모자라면 병에 걸리기도 쉬워요. 병균을 잡아먹는 백혈구를 충분히 만들지 못하기 때문이랍니다.

"식량 문제는 정말 심각하구나."

"우리가 조금 덜 먹고 남는 음식을 나눠 주면 안 될까?"

"여길 봐, 이렇게 많은 단체가 먹을 것을 나눠 주고 있어."

잘사는 나라가 못사는 나라를 돕기도 하고, 사람들이 모여 만든 단체가 기부를 받아 어려운 나라를 도와주는 일도 많이 있었어요.

책에는 비쩍 마른 아이들에게 먹을 것을 나눠 주는 사진이 잔뜩 실려 있었지요.

"그런데 왜 굶주리는 사람이 사라지지 않는 거야?"

"음식을 골고루 나눠 주는 일이 쉽지 않다고 해."

도로가 부족한 나라에서는 필요한 곳까지 먹거리를 옮겨 주기도 힘

배고픈 아이들을 도와주는 사람들

• 유니세프

유니세프는 세계의 어려운 어린이들을 도와주는 단체예요. 원래는 전쟁으로 가족을 잃은 아이들을 돌보는 곳이었지만, 점점 규모가 커지고 유니세프에서 일하는 사람이 많아지며 다른 일도 맡게 되었답니다. 지금은 배고픈 아이들에게 먹을 것을 보내 주고 학교에 가지 못하는 아이들을 학교에 보내 주고, 아픈 아이들에게 약을 보내 병을 치료해 주는 일을 하고 있어요.

• 월드비전

전 세계에서 배고픈 아이들을 도와주는 단체예요. 월드비전은 아이들을 직접 도와주는 일보다는 배고픈 아이들이 많은 곳에 도로를 놓아 주고, 수도를 설치하고 전봇대를 세우는 일을 해요. 배고픈 아이들이 사는 지역을 잘살게 해서 아이들도 덩달아 잘살 수 있도록 하는 게 목표예요.

• 국경없는 의사회

국경없는 의사회는 의사들이 모여 만든 단체예요. 전쟁이 벌어지거나 전염병이 도는 위험한 곳이라도 꺼리지 않고 사람들을 도우러 가지요. 국경없는 의사회는 먹을 것을 나눠 주지는 않지만 어려운 사람들이 의사의 도움을 받을 수 있게 하고 약도 나눠 준답니다.

들었어요. 경찰이 부족한 나라에서는 음식을 도둑맞기도 했지요. 도와주려고 가져온 음식을 빼앗겨 버리는 것이에요. 식량을 나눠 줘도 요리할 냄비가 모자라기도 했고, 다른 곳보다 유난히 덥고 축축한 날씨 때문에 음식이 금방 상해 버리기도 했어요.

진짜 문제는 양이 부족한 것이 아니었답니다. 나눠 주려는 식량이 여러 가지 이유로 굶주린 사람들에게 제대로 도착하지 못하는 것이 바로 가장 큰 문제점이었지요.

"먹을 것만 나눠 준다고 해서 모든 일이 해결되지는 않는구나."

"굶주림은 아주 해결하기 어려운 문제였어. 그나마 우리는 이렇게 뭐라도 재배할 수 있는데 말이야."

먹을 것이 나지 않는 땅이 있다

"가난한 나라는 농사를 짓지 않아? 아니면 누군가가 먹을 것을 다 차지하는 건가? 왜 먹을 것이 부족한 거야?"

모두 여러 사람이 함께 굶주리는 일이 왜 일어나는지 이해하기 어려웠어요. 세 아이는 우주선에 있어서 먹을 것을 구하기 힘든 것이지만, 배고픈 아이들은 지구에 있는데도 굶주리고 있었으니까요.

"잘 생각해 봐. 우리도 처음에는 농사를 완전 망쳤잖니?"

해들이가 말한 대로, 새일이와 해들이는 화단에 감자나 딸기를 심었다가 그냥 시들게 한 적이 있었어요. 그 일을 생각하면 식량이 쉽게 만들어지지 않는다는 것을 알 수 있었지요.

땅에 씨앗을 심는다고 무조건 먹거리가 만들어지는 것은 아니었답니다. 지식과 정성, 그리고 여러 가지 조건이 맞아야만 했지요.

"네 말이 맞아. 먹을 것을 기르는 일은 정말 쉬운 일이 아니야."

새일이는 그때의 실수가 생각나 고개를 푹 숙였어요.

"지도를 잘 봐. 더운 정글이나 사막이 있는 곳이 많아."

"정말이네. 사막에서는 농사를 지을 수 없으니까."

"하지만 정글은 어째서야? 정글은 동물과 식물이 아주 살기 좋은 곳이잖아?"

나무가 빼곡하게 우거지고 동물들이 어울려 사는 정글인데, 그곳에서 식량이 만들어지지 않는다니 믿기 힘들었어요.

"나무가 높이 자라면 햇빛을 다 가리잖아. 그게 농사를 짓기 어려운 이유래."

정글의 높이 자란 나무는 아래쪽 식물이 받을 햇빛을 다 막아 버려요. 채소나 곡식, 키 작은 과일나무는 햇빛을 받지 못해 비실비실해지지요. 그러니 식량이 되는 식물이 쑥쑥 자라지 못할 수밖에요.

또, 정글의 흙에는 영양분이 많지 않아요. 키 크고 우거진 나무들이 영양분을 모두 빨아들여 몸속에 가둬 두고 있거든요. 계절이 변하는 곳의 나무는 낙엽을 통해 영양분을 주변과 나누지만, 항상 덥고 햇빛이 쨍쨍한 정글의 나무들은 영양분을 다 빨아들여 자기 몸만 키운답니다.

게다가 무시무시한 독충이나 독사도 문제에요. 농사를 지으러 갔는데 커다란 전갈이 득실거리면 농부가 일하기 힘들지요.

"자연이 잘 보존된 정글에서도 농사를 지을 수 없을 줄은 몰랐어."

"그럼 정글에서 나는 과일은?"

"과일만 먹고 살 수 있는 사람이 있을까? 분명 영양소가 부족해서 병에 걸리기 쉬울지도 몰라."

정글은 얼핏 보면 아주 풍요로운 땅이었지만, 사실 우리가 식량을 얻기에는 알맞지 않은 곳이었던 거예요.

"괜찮아. 다른 방법도 많이 있을 거야."

동진이는 새일이와 해들이를 안심시키려고 말했어요. 화분에서 기르는 GMO를 생각하고 한 말이었지요. 사막이나 북극 같은 날씨도 견디고, 정글처럼 영양분이 부족한 땅에서도 잘 자라는 GMO 식물을 만들어 농사를 지을 수 있으면 굶주리는 사람이 줄어들지도 몰라요.

하지만 동진이는 자세한 이야기는 하지 않았어요. GMO를 기르는 것을 두 아이에게는 아직 비밀로 하고 싶었거든요.

"그뿐이 아니야. 농사를 짓던 땅이 망가져 식물이 자라지 않는 땅이 되기도 한대."

해들이는 책을 펼쳐 다른 사진을 보여 줬어요.

"이걸 봐."

책에 나와 있는 사진은 땅을 깊이 판 모습을 찍은 것이었어요. 갈색 흙 사이로 하얗게 변한 부분이 있었지요.

"이게 뭔지 아니?"

"뭔데?"

"소금이래. 농사를 지으려고 논이나 밭에 강물을 퍼 줬는데, 그 안에 조금씩 녹아 있는 소금이 점점 쌓여 저렇게 변해 버린 거야."

강물에는 소금기가 아주 조금밖에 없지만, 몇천 년이나 농사를 지으면서 소금기가 땅에 흡수되었다면 땅속에 소금층이 생길 수도 있는 거였어요. 바닷물도 아니고 강물에도 소금기가 있다는 게, 세 아이에게는 너무 충격적인 사실이었어요.

"세상에, 소금기 있는 땅에선 식물이 자라지 못하잖아."

그저 한곳에서 오랫동안 농사를 지었을 뿐인데 땅이 망가진다니, 무서운 일이었어요.

"아주 오래전부터 사람이 살았던 메소포타미아는 원래 농사가 아주 잘되는 곳이었대. 하지만 지나치게 관개 시설(많은 수확을 위하여 논밭에 물을 대고 빼는 시설)을 많이 세우는 바람에 땅속 염분화가 빠르게 진행되었대. 결국 소금기 때문에 점점 농사를 짓기 힘들어졌고, 지금은 사막이나 마

전쟁으로 망가진 땅

땅이 망가지는 이유는 여러 가지가 있지만, 그중 가장 심각한 문제는 바로 전쟁이에요. 전쟁이 벌어졌을 때, 군대가 총이나 대포만 쏘는 것이 아니에요. 탱크나 자동차를 몰고 다니는데, 이런 크고 무거운 차가 논이나 밭을 밟고 지나가면 땅이 아주 단단하게 다져져요. 식물이 뿌리를 내리게 하려면 이런 땅을 다시 뒤집어 흙을 부드럽게 만들어 줘야 해요.

혹시 탱크나 자동차가 부서져 쇳조각이 흙에 섞이거나, 기름이 흙에 스며들면 그 땅에서는 농사를 짓기 힘들어요. 석유로 오염된 땅을 다시 식물이 자랄 수 있는 곳으로 만드는 것은 아주 힘든 일이에요. 굶주리는 사람이 가장 많은 나라 중 하나인 소말리아는 나라가 여럿으로 갈라져 수십 년째 전쟁을 하고 있어요. 그러면서 농사를 지을 수 있는 땅이 점점 줄어들어, 지금처럼 굶주리는 사람들이 많아졌지요.

찬가지라는 거야."

"소 때문에 초원이 사막이 된다는 이야기도 들어 봤어. 너무 많은 소를 몰고 다니며 풀을 먹이면 풀이 한 포기도 없어지고 사막이 된다는 얘기지."

뭔가를 잘못하거나 욕심을 부려 땅을 멋대로 오염시키지 않아도, 식량을 만들다 보면 땅이 망가질 수도 있는 거였어요. 땅을 지키면서 식량을 만드는 것은 정말 어려운 일인가 봐요.

"우리가 굶지 않고 지낸 건 운이 좋아서였구나."

"맞아. 굶주림을 피하는 일은 쉬운 게 아니었어."

세 아이는 먹거리가 충분하다는 게 얼마나 소중한 일인지 다시 한번 깨달았어요. 식량을 만드는 일은 정말 힘들고 어려운 일이었고, 또 아무리 노력해도 충분한 먹거리를 구하지 못하는 사람도 많았으니까요.

🔵 자기 먹을 것은 자기 손으로

'잘 자라는 GMO라고 안심할 수 없어. 잘못하면 GMO도 기르지 못하게 될 거야. 그러면 또 알약만 먹고 버텨야 해.'

굶주리는 사람들의 이야기를 듣자 동진이는 불안해졌어요. 조금만 잘못하면 다시 굶게 될 것 같았지요. 그래서 동진이는 몰래 고민하다가 한 가지 생각을 떠올렸어요.

"더 많은 식물을 심어 보고 화분도 계속 바꿔야겠어."

동진이는 만일의 사태에 대비해 여러 가지 시도를 하기로 했어요. 과학 실험을 하는 것처럼 말이에요. 그래서 더 잘 자라는 채소나 조금만 먹어도 배가 부를 만한 과일을 찾아야겠다고 생각했어요. 또 오래 보관할 수 있는 식량을 얻을 계획도 세웠지요. 만약 성공한다면, 더 오랫동안 먹거리를 얻을 수 있으니까요.

"좋아, 오늘은 이걸 심어 보자."

우주선용 특수 GMO 덕분에 며칠만 지나면 수확해서 먹을 수 있으니, 실험은 그렇게 오래 걸리지는 않을 것이에요.

"얘들아, 오늘은 이거야."

며칠 뒤, 동진이가 바구니 가득 담아 온 것은 바로 파였어요. 싱싱하고 파릇파릇한 대파가 잔뜩 있었지요.

"잠깐만! 이것만 가져오면 어떡해?"

"파는 국에 넣거나 볶음밥에 넣는 양념 같은 거잖아. 그냥 파는 먹어 본 적도 없어."

새일이와 해들이는 화내기보다 황당한 표정으로 동진이가 가져온 파 바구니를 바라봤어요.

"하지만 오늘은 이것뿐이야. 다음에는 먹을 만한 걸 구해 올게."

두 아이는 너무 실망스러웠지만, 동진이가 혼자서 노력해 만든 먹거리라는 것을 알기 때문에 더는 불평할 수 없었어요.

"한번 구워 먹어 보자."

해들이는 불평하는 대신 일단 맛있게 먹기 위해 고민했어요. 예전에 엄마, 아빠랑 고기를 구워 먹을 때 파도 같이 굽는 걸 본 적이 있거든요. 실험실에서 알코올램프를 가져와 그 불에 파를 직접 구웠어요. 겉부분이 거의 까맣게 탔지만 탄 부분을 벗기자 말랑해진 안쪽은 먹을 수 있었어요. 그런데 정말 신기하게도 의외로 달콤하고 맛있지 뭐예요.

"맛있네!"

"정말이야, 파를 구우면 단맛이 나는구나."

"파를 싫어했는데 앞으론 맛있게 먹을 수 있겠어."

다행히 세 아이는 구운 파를 맛있게 먹었어요. 실험 첫날은 그렇게 무사히 넘길 수 있었답니다.

그리고 다음 날.

"이건 뭐야?"

"이건 망고스틴이라는 과일이야. 껍질을 벗기면 안쪽에 맛있는 과일이 있대."

동진이가 가져온 것은 동그랗고 귀여운 과일이었어요. 하지만 보라

색 껍질이 단단해서 껍질을 까는 것이 아주 힘들었답니다.

"맛은 있는데……."

"너무 양이 적어."

껍질 속의 하얀 과일은 새콤달콤하고 정말 맛있었어요. 하지만 껍질이 두꺼워서 먹을 수 있는 부분은 아주 적었답니다. 다 먹었는데도 배가 고파서, 세 아이는 비상용 알약을 하나씩 더 먹어야 했어요.

"미안해. 이렇게 작을 줄은 나도 몰랐어."

동진이도 망고스틴이 뭔지는 몰랐어요. 씨앗을

담아 둔 통에 붙어 있는 이름표만 보고 심은 거였거든요.

"그럴 수도 있지! 맛은 있었어."

새일이와 해들이가 너그럽게 넘어갔지만, 동진이는 미안한 표정을 지우지 못했어요.

그리고 다음 날.

"오늘은 이거야."

동진이가 가져온 것은 들깨와 후추, 겨자 씨앗이었어요.

"얘! 이것만 가지고 어떻게 먹니?"

들깨나 후추, 겨자는 다른 음식에 조금씩 넣어 먹으면 아주 맛있지요. 하지만 그것만 먹을 수는 없었어요. 들깨를 빼고 후추와 겨자는 너무 매운 향신료였고요.

"이제 못 참겠어."

얌전하던 해들이도 동진이에게 불평했어요.

"혼자서 먹을 것을 만들어 주는 건 고맙지만, 너 혼자 모든 것을 결정하면 안 돼."

"그래! 대체 뭘 하고 있는 거니? 점점 이상한 것만 가져오고."

"미안해. 사실은……."

동진이는 드디어 두 사람에게 진실을 털어놓기로 했어요. 혼자서 무리한 실험을 하다 친구들을 굶길 뻔했다는 것을 깨달았으니까요. 동진

식량 위기에서 인류를 구할 미래 식량

이는 숨기기를 포기하고, 새일이와 해들이를 자기 방으로 데려갔답니다. 그리고 화분 가득 자라고 있는 GMO 식물들을 보여 줬어요.

"이건 뭐야? 처음 봐!"

"잠깐만, 이상해."

새일이는 화분 안에서 쑥쑥 자라는 GMO 식물을 신기해 하며 구경했어요. 한 화분에서 두 가지 열매가 열리기도 하고, 가느다란 줄기에 채소가 거꾸로 솟아 있기도 했지요. 그렇게 특이한 식물이 아니라도, 작은 화분 안에서 쑥쑥 자라고 있는 모습은 평범한 채소와는 확실히 달라 보였답니다. 해들이는 그걸 보고 동진이에게 물어봤어요.

"이건 뭐니?"

"이건…… GMO야. 유전자 조작 농산물인데 너희가 싫어할 것 같아서 숨겼어."

3장 배가 고픈 사람들

식량을 지켜야 한다고?

우리는 살기 위해서 먹거리가 꼭 필요해요. 그래서 세계 여러 나라는 식량을 충분히 구하기 위해 노력하지요. 하지만 필요한 먹거리를 모두 직접 생산하는 나라는 많지 않아요. 예를 들어 사우디아라비아처럼 사막 한가운데 있는 나라는 농사를 짓기 힘든 대신 석유가 많이 나와요. 외국에 석유를 팔고 그 돈으로 식량을 사지요.

그렇지만 식량을 스스로 만들지 못하고 무조건 해외에서 사들여야 한다면 언젠가 사람들이 굶주릴 수도 있어요. 식량을 팔던 나라에서 갑자기 가격을 올리면 충분한 식량을 사기 어려워요. 또 큰 태풍으로 항구나 철도가 망가지면 외국에서 식량을 들여오는 일이 어려워지지요. 혹시나 다른 나라가 전쟁을 위해, 혹은 협박하려고 일부러 식량 수입을 방해한다면 더 큰 일이 벌어질 수 있어요. 그래서 언제 어떤 상황에서도 사람들이 굶지 않을 만큼의 식량을 생산할 수 있도록 노력해야 해요. 이것을 바로 식량 안보라고 한답니다.

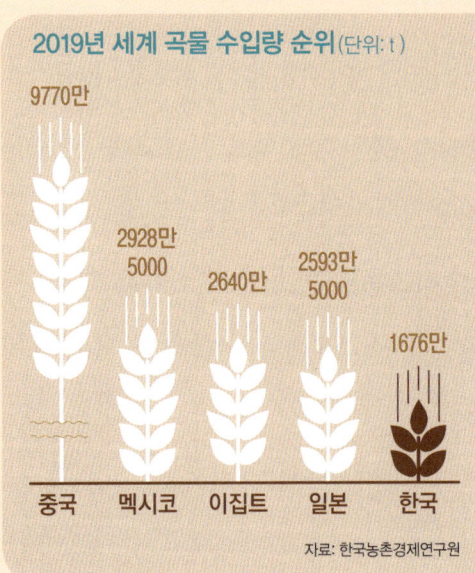

식량 위기에서 인류를 구할 미래 식량

비밀을 털어놓자 동진이는 오히려 후련한 마음이 들었어요.

"그래서 우리한테 숨겼구나!"

동진이는 새일이와 해들이가 화내지 않을까 조마조마한 마음이었어요. 나쁜 마음으로 숨긴 건 아니지만, 그래도 비밀을 만든 것이니까요.

"그런데 GMO는 우리 몸에 나쁜 거 아니야?"

새일이가 조심스럽게 묻자, 동진이는 자신이 아는 대로 대답해 주었어요.

"오래전부터 위험성에 대해 연구하고 있는데 아직 확실하게 밝혀진 게 없대. 무엇보다 짧은 시간 내에 먹을 걸 만들려면 이 방법밖에 없다고 생각했어."

"그래, 이것도 없었으면 우리 모두 굶거나 알약만 먹고 있었을지도 모르니까."

해들이가 동진이의 마음을 이해해 주었어요. 그래서 당분간은 GMO로 버텨 보기로 했어요. 유기농 농사를 짓겠다고 실패했던 걸 생각하면, 지금으로서는 최선의 방법이었으니까요.

농사 지을 땅을 만드는 건 좋은 일일까?

땅이 망가져 농사를 짓기 힘든 나라는 다른 나라가 도와주거나 외국에서 식량을 사 와야 해요. 하지만 모든 식량을 사 오기만 한다면 큰 자연재해나 전쟁 같은 일로 위기에 처했을 때 필요한 식량을 다 구할 수 없어요. 그래서 농사 지을 수 있는 새로운 땅을 만들고 스스로 먹거리를 만들어 내려는 노력을 하고 있어요.

가장 많이 쓰이는 방법은 바로 숲의 나무를 자르고 밭으로 만드는 것이에요. 특히 숲에 불을 질러 나무와 풀을 태우면, 그 재가 비료가 되어 새로 심은 식물이 잘 자랄 수 있어요. 이 방법은 아주 오래전부터 새 밭을 만드는 데 쓰였답니다.

숲을 태워 밭으로 만드는 방법은 쉽고 값싸지만 자연에 나쁜 영향을 끼쳐요. 나무가 줄어들어 공기를 깨끗하게 해 주지 못하는 데다, 동물들이 죽거나 도망쳐서 그 주변의 환경이 점점 더 나빠지거든요.

또 바다의 갯벌을 흙으로 덮어 육지로 만든 뒤 거기서 농사를 짓기도 해요. 갯벌은 진흙이나 모래가 바닷가에 넓게 쌓여 밀물 때 물이 들어오면 물속에 잠기고 썰물 때 물이 빠지면 드러나는 부분을 말해요. 갯벌을 흙으로 덮어 육지로 만들면 농사를 짓거나 건물을 지을 땅이 생겨나요. 이렇게 육지를 만드는 일을 간척이라고 한답니다.

그런데 갯벌을 덮어 만든 땅에는 바닷물이 스며들어 있어서, 처음 몇 년 동안 농사를 짓기 힘들어요. 또 갯벌에는 게나 낙지, 조개 같은 동물들이 살고 있는데 이런 동물들의 살 터전이 사라지게 되지요. 농사를 지을 수 있게 되는 대신, 어부들이 일할 수 있는 바다가 사라지는 거예요. 갯벌은 강에서 바다로 흘러 들어가는 물을 맑게 해 주는 역할을 하는데, 갯벌이 사라지면 바닷물이 오염되기 쉬워져요. 땅을 넓히는 일이, 무조건 좋기만 한 일이 아닌 이유예요.

그렇다면 농사지을 땅을 어떻게 마련하면 좋을까요? 식량 문제를 어떻게 해야 할까요?

찾아볼까요?

보기 중 식량을 만들기에 적당한 땅은 무엇일까요?

1 전쟁터

2 갯벌

3 울창한 정글

4 강가

5 사막

6 평원

7 숲 옆

정답 ④ 강가 ⑥ 평원

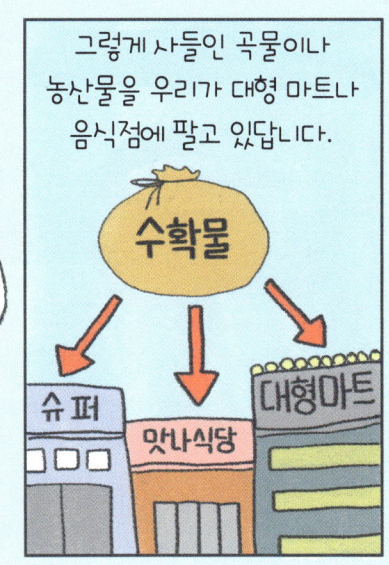

4장

식량을 만드는 데 필요한 것

우리만의 농사법

세 아이는 동진이의 방에서 GMO 화분을 꺼내 바깥에 놓거나 큰 화단에 옮겨 심었어요.

"여러 가지를 실험해 보자는 동진이의 생각도 맞는 것 같아."

옮겨 심는 일이 끝나자 해들이가 먼저 말을 꺼냈어요.

"GMO가 있다고 거기에만 의존하면 언제 잘못될지 모르잖아? 또 알약만 먹는 건 싫어."

여러 가지 방법을 찾아 놓으면 무슨 일이 생겨도 계속 식량을 얻을 수 있을 것이란 생각은 모두 똑같았지요.

"맞는 말이야. 게다가 우리는 성장기인 어린이니까 어른들보다 더 다

양한 영양소를 먹어야 한댔어. 병에 걸리면 어떡해."

"그럼 우주선 안을 좀 더 찾아볼까?"

세 아이는 다시 한 번 흩어져 우주선 안을 둘러보기로 했어요. 무언가 쓸 만한 도구가 있으면 곧바로 가져와 다 함께 살펴보기로 했지요. 먹을 것도 있고, 믿을 수 있는 친구도 있으니 처음 사고가 난 날 우주선을 헤맬 때보다 훨씬 든든했어요.

"이것도 도움이 될까?"

새일이가 창고에서 찾아낸 것은 바로 모래였어요.

식물은 보통 모래가 아닌 흙에서 기르지만, 혹시나 쓸 수 있을까 하는 생각이 들었어요.

"물을 충분히 주고 보통 흙도 섞으면 충분히 식물이 자라지 않을까?"

새일이는 떠오른 생각대로 모래에 흙을 조금 섞고, 위에 씨앗을 뿌렸어요. 그리고 생각날 때마다 조금씩 물을 주며 모래가 잠시도 마르지 않도록 했답니다. 그러자 금방 싹이 나오기 시작했지요.

해들이가 발견한 것은 우주선 안에 있는 욕조였어요. 네 명 정도가 들어가도 남을 만큼 커다란 욕조였지요. 해들이는 안에 먼저 물을 채워 넣었어요. 그리고 욕조 위에 모기장 같은 틀을 씌웠답니다.

"거기다 뭘 하려고?"

해들이가 뭔가 어려운 일을 하고 있자, 새일이와 동진이도 다가와 도와줬어요. 욕조에 물을 찰랑거릴 정도로 채우고, 그곳에 아슬아슬하게 닿지 않을 정도로 그물망을 씌워 덮었지요.

"이 위에다 솜을 얹어서 씨앗을 뿌리는 거야. 그러면 뿌리가 아래로 늘어지고 물을 빨아들여 싹이 트지 않을까?"

세 아이는 다같이 모여 안 쓰는 이불을 헤치고, 솜을 꺼내 틀 위에 얇게 깔았지요. 그리고 솜 위에 씨앗을 뿌렸어요. 며칠 뒤에 파란 새싹이 올라왔어요. 틀 아래에는 뿌리가 주렁주렁 내려와 욕조 안의 물을 빨아들였답니다. 일일이 물을 주지 않아도, 뿌리가 알아서 물을 빨아들일 수 있게 되었어요. 물론 물을 계속 채워 넣어 줘야 하기는 했지요.

"이게 바로 수경 재배네!"

해들이가 만든 것은 바로 수경 재배 틀이었어요. 흙 없이 물만으로 식물을 기르는 것이니 흙이 부족한 우주선에서 딱 맞는 방법이었지요.

"다행이야. 걱정을 많이 덜었어."

아직 시작했을 뿐이지만 새로운 방법을 찾아냈다는 생각에 세 아이는 뿌듯해졌어요. 조금만 신경 쓰면 식량 걱정은 하지 않아도 될 것만 같았지요.

수경 재배로 튼 싹들을 기쁘게 바라보는 것도 며칠, 수경 재배 식물들은 생각만큼 잘 자라지 않았어요. 며칠이 지났는데도 쑥쑥 자라지 않았고, 노랗게 변해 시들거리는 싹도 있었지요.

깨끗하게 걸러진 정수된 물에는 별다른 영양분이 없었기 때문이에요. 원래 수경 재배에서 쓰는 물은 여러 가지 약품과 비료를 탄 물인데,

사막의 농사법

모래만 있는 사막에도 물이 충분하다면 농사를 지을 수 있어요. 모래에서 농사를 지을 때, 가장 큰 문제점은 물이 모래 사이로 다 빠져나간다는 점이에요. 하지만 물을 끊임없이 조금씩 뿌려 준다면 모래를 촉촉하게 유지할 수 있지요. 미국이나 중동의 몇몇 나라에서는 모래만 있는 사막에서 농사를 짓기 시작했는데, 덕분에 메마른 사막에서도 식량을 얻을 수 있게 되었답니다.

비결은 바로 빙글빙글 회전하는 관에서 물을 뿌려 주는 거예요. 물이 가득 찬 커다란 관이 빙글빙글 돌아가면서, 동그란 모양으로 물을 뿌려 모래를 촉촉하게 적시지요. 그 위에 식물을 심고, 계속 물을 주면 농사를 지을 수 있어요. 또 이 방법을 쓰면 사막의 더위로부터 식물을 지킬 수 있어요. 물을 계속 뿌려 주면 물이 더운 날씨 때문에 끊임없이 증발해요. 그러면서 사막의 뜨거운 열기를 빼앗아 가 식물들은 시원하게 자랄 수 있는 거예요. 하지만 이 방법으로 농사를 지으려면 강이나 오아시스에서 물을 계속 가져와야 한다는 단점이 있어요. 즉 아주 큰 파이프와 물 펌프가 필요하고, 물 펌프를 작동시킬 전기도 충분해야 해요. 결국 엄청난 돈이 드는 셈이죠.

그런 약품을 구할 수 없었으니 채소도 시들시들할 뿐이었어요.

"무슨 좋은 방법 없을까?"

"비료가 있으면 딱 좋을 텐데……."

채소의 먹지 못하는 부분이나 과일 껍질로 유기농 비료를 만들면 좋겠지만, 자세한 방법을 모르고 도전해 봤자 또 실패할 것이 뻔했어요. 수경 재배라는 좋은 방법을 찾았다고 생각했는데, 생각보다 효과가 없어서 모두 고민에 빠졌답니다.

첨단 기술이 먹거리에도

동진이는 따로 우주선 안을 돌아다니다 커다란 통을 하나 발견했어요. 그리고 통을 열어 보고는 큰 소리로 새일이와 해들이를 불렀지요.

"애들아, 이리 와!"

통 안에 들어 있는 것은 바로 커다란 메기 한 마리였어요. 메기가 왜 실려 있는지는 잘 모르겠지만, 통 속에 갇혀 있느라 아무것도 먹지 못한 것 같았어요. 메기답지 않게 비쩍 말라 있었지요.

"어떡하지? 잡아먹을까?"

"나한테 생각이 있어. 일단 여기서 꺼내자."

　동진이가 말하자 새일이가 앞장서서 메기를 번쩍 들었어요. 비쩍 말랐는데도 세차게 펄떡거리는 바람에 모두 물에 흠뻑 젖었답니다.
　"여기야, 여기!"
　세 아이는 함께 메기를 꽉 붙잡고 수경 재배를 하는 욕조로 달려갔어요. 그리고 욕조 안에 메기를 풀어놓았답니다. 첨벙 소리와 함께 욕조로 들어간 메기는 처음에는 깜짝 놀라더니, 금방 적응했는지 욕조 안을 이리저리 헤엄치고 다녔어요.

"잠시만 기다려, 물고기 밥으로 줄 만한 좋은 게 있어."

동진이가 가져온 것은 작은 상자였지요. 그 안에는 밀웜이 잔뜩 꿈틀거리고 있었어요. 그동안 징그러워서 차마 먹지는 못했던 걸, 동진이가 버리지 않고 기르고 있었던 거예요. 밀웜 몇 마리를 물속에 넣어 주자, 메기는 허겁지겁 먹어 치웠어요.

"물고기가 밀웜을 먹고 똥을 싸면, 그 물을 빨아들인 채소들이 더 많은 영양소를 얻으면서 물도 깨끗하게 해 줄 거야."

"정말 좋은 생각이야!"

며칠이 지나자 채소가 눈에 띌 정도로 빠르게 자라기 시작했어요. 물고기 똥에서 나온 암모니아를 쭉쭉 빨아들인 채소는 흙에서 기르는 것보다 더 빠르게 자랐어요. 그 덕분에 수경 재배로 키운 콩이나 배추, 멜

론을 맛있게 먹을 수 있었답니다.

그뿐 아니라 욕조에 사는 메기도 건강을 되찾았어요. 비쩍 말랐던 메기는 영양이 풍부한 밀웜을 먹으며 다시 튼튼해졌고, 물은 채소들이 맑게 해 준 덕분에 항상 깨끗했어요.

하지만 모든 것이 완벽하지는 않았어요. 우선 감자나 고구마 같은 뿌리를 수확하는 작물은 수경 재배가 불가능했어요. 그리고 채소와 과일들이 각각 멋대로 자랐지요. 똑같은 식물을 심어도 화분에 심은 식물이 화단에 심은 것

아쿠아포닉스(aquaponics)

어항을 이용해 채소를 기르는 농사를 아쿠아포닉스라고 해요. 어항 속에는 메기나 장어, 미꾸라지처럼 먹이를 많이 먹고 성장도 빠른 물고기를 기르는데, 물고기는 사료를 먹고 배설물을 배출해요. 이 배설물에는 암모니아라는 성분이 있는데, 암모니아는 식물이 자라는 데 꼭 필요해요. 화학 비료의 성분은 대부분 암모니아예요. 그래서 암모니아가 풍부한 물은 비료처럼 식물을 빠르게 자랄 수 있게 한답니다. 물고기가 사는 물은 암모니아가 많아서, 그 물을 식물에 뿌려 주면 그냥 물을 줄 때보다 훨씬 빨리 자라요. 그리고 식물은 물에서 암모니아를 빨아들이고 다시 깨끗한 물을 내놓지요. 그 덕분에 채소는 잘 자라고, 물은 깨끗해져 물고기도 건강하게 자랄 수 있는 거랍니다.

보다 잘 자라거나, 수경 재배의 왼쪽 끝에 있는 식물이 오른쪽 끝보다 잘 자랐어요. 그러다 보니 언제 어떤 먹거리가 생길지 미리 알 수가 없었지요. 어떤 날은 배부르게 먹고도 남기도 했고, 어떤 날은 조금밖에 못 먹기도 했어요.

"매일 일정한 양의 먹거리를 얻을 수 있다면 얼마나 좋을까. 뭐가 문제일까?"

"혹시 빛이 문제 아닐까?"

이야기하던 도중 새일이가 한 가지를 떠올렸어요. 식물은 빛으로 광합성을 하는데, 그 빛을 쬐는 양과 시간이 달라지면 식물이 자라는 속도도 달라져요. 지금까지는 우주선의 조명으로 식물을 길렀는데, 조명을 켜는 시간은 아무렇게나 정했었지요.

"그래, 그럼 순서대로 당번을 정하자."

세 아이는 각각 당번을 정하고, 매일 같은 시간에 조명을 껐다 켰어요. 그러자 정말로 식물들이 규칙적으로 잘 자라났지요. 덕분에 언제, 어떤 먹거리를 얻을지 예상할 수 있게 되었어요. 해들이는 조명을 켜는 시간을 조절해, 원하는 식물을 좀 더 빨리 자라게 하거나 조금 늦게 자라게 하기도 했어요.

"됐어! 성공이야!"

세 아이는 큰 소리로 외치며 손뼉을 쳤어요.

4장 식량을 만드는 데 필요한 것

토론왕 되기!

농장은 어떻게 진화할까?

물에서 식량을 만드는 아쿠아포닉스를 한 단계 더 진화시킨 것이 있어요. 바로 에어로포닉스라는 방법이에요.

에어로포닉스는 흙도, 물도 아닌 공중에서 식물이 자라게 하는 기술이에요. 일단 식물의 줄기를 받침대나 틀에 잘 묶어 고정하고, 뿌리는 아래로 축 늘어지게 해요. 그리고 늘어진 뿌리에 분무기로 물을 뿌려 주지요. 물론 이 물은 여러 가지 비료와 영양소를 녹인 거예요. 미세한 물방울은 식물의 뿌리에 쉽게 흡수되기 때문에, 에어로포닉스에서 자라는 식물은 수경 재배에서 자라는 식물보다 쉽게 물과 영양분을 흡수할 수 있다고 해요.

야외에서 농사를 지을 때 식물은 햇빛을 받아 광합성을 해요. 하지만 햇빛은 날씨에 따라 너무 약하게 비출 수도 있고, 너무 강해 오히려 식물을 말라 죽게 만들 수도 있어요. 이처럼 비료와 농약 외에도 날씨는 식량을 만드는 데 큰 영향을 끼치지요.

날씨의 영향을 가능한 한 줄이고 일정한 양의 먹거리를 얻으려면 빛도 일정해야 해요. 예를 들어 건물 안에서 조명으로 일정한 빛을 계속 쬐게 해 주면 식물은 날씨와 관계없이 잘 자랄 수 있어요.

이렇게 발달한 첨단 기술을 이용해 도시에서 공장처럼 먹거리를 만들려는 계획도 있어요. 커다란 빌딩을 에어로포닉스 농장으로 가득 채우고, 빛과 온도는 컴퓨터를 이용해 일 년 내내 일정하게 유지하는 것이지요. 그러면 흙에서 농사를 짓는 것보다 깨끗하고 많은 양의 먹거리를 만들어 낼 수 있어요. 에어로포닉스 농장이 생기면 도심에 사는 사람들도 아주 신선한 먹거리를 쉽게 얻을 수 있어요. 농장에서 새벽에 수확한 채소를 그날 아침 마트에서 살 수 있게 되겠지요.

하지만 에어로포닉스 농장에는 중요한 문제점이 있어요. 전등이나 노즐 등 초기 설치 비용이 많이 들고 관리가 어렵다는 점이에요. 또 전기가 많이 필요하기 때문에 결국 환경 문제를 피해 갈 수 없지요. 공간을 절약하고 깨끗한 먹거리를 만들어 내기 위한 에어로포닉스가 오히려 환경을 더 오염시킬 수도 있다는 점은 우리가 풀어야 할 숙제예요.

이런 식으로 농장 기술이 진화하면 우리에게는 어떤 좋은 점과 나쁜 점이 생기게 될까요?

찾아볼까요?

다음 중 수경 재배가 되지 않는 채소를 골라 보세요.

정답: 고구마
(뿌리가 커져야 수경 재배가 되지 않음)

5장

먹지 못하게 될 때

🪨 농사는 어려워

 우주선이 난파된 이후로 꽤 많은 시간이 지났어요. 그동안 스스로 식량을 만들어 먹으면서 잘 지냈지만 어느새 그것도 점점 어려워졌지요.
 "으윽, 팔 아파……."
 "거의 다 끝나가, 조금만 참아."
 농사를 짓다 보니 화단의 흙이 단단해져 식물의 뿌리가 땅을 파고들지 못하게 되었어요. 그래서 새일이와 동진이, 해들이가 모두 모여 흙을 갈았지요. 우주선 곳곳에서 찾은 기다란 막대기를 하나씩 들고, 땅을 파고 뒤집으면서 단단하게 뭉쳐진 흙을 다시 잘게 부수었어요.
 "후유, 정말 힘드네."

"맞아. 계속 이렇게 힘들게 농사를 지어야 할까?"

땀을 흘리며 움직인 덕분에 화단의 흙은 다시 곱고 부드러운 흙으로 바뀌었어요. 하지만 좋은 도구가 없어서 화단의 반도 다 끝내지 못하고 털퍼덕 주저앉고 말았지요.

"막대기만 가지고 해서 그래. 트랙터가 있다면 훨씬 간단할 텐데."

동진이는 텔레비전에서 봤던 트랙터의 모습을 떠올리며 말했어요. 힘센 트랙터로 쓱 훑고 지나가기만 해도 단단하던 땅이 고운 밭으로 변하니까요.

"트랙터 운전법은 알아?"

동진이의 말에 새일이가 살짝 핀잔을 줬어요. 해들이도 한마디 거들었지요.

"기름도 없어. 트랙터는 석유로 움직이잖아."

실제로 대부분의 커다란 농기구는 석유로 움직여요. 화단처럼 작은 곳에서 농사를 지을 때는 사람의 힘으로 충분했지만 큰 논과 밭은 기계 없이 농사를 짓기 힘들어요.

세 아이는 투덜투덜 불평을 하면서 밥을 먹었어요. 요즘은 먹는 양도 꽤 줄어들었답니다. 아쿠아포닉스도 해 보고 다른 식물을 번갈아 심는 등 여러 시도를 해 보았어요. 조금이라도 나은 음식을, 좀 더 오래 먹으려고 노력했지요.

하지만 수확하는 양은 점점 줄어들었어요. 열매의 크기도 작아졌고 맛도 조금 부족했어요.

"갈수록 적어지네. 이러다 다시 알약 신세가 되겠어."

한 가지 안심되는 점이라면 비상용 알약이 잔뜩 남아 있다는 것이었어요. 그 덕분에 당장 굶어 죽을 걱정은 없었으니까요. 그래도 아무리 먹어도 배가 하나도 부르지 않는 느낌은 조금도 익숙해지지 않았어요. 배고픔 때문에 서로 싸웠던 경험까지 떠올리면 정말 끔찍했지요.

"뭐가 문제일까?"

"흙 속의 영양소가 너무 적어서 그런 것 아닐까? 아무리 GMO가 영양소가 부족한 땅에서도 잘 산다지만, 그것도 무작정 기를 수 있는 건

농사를 지으면 환경이 오염된다고?

예전에는 여러 사람이 힘을 합쳐 농사를 지었어요. 공동체를 이뤄 모내기를 함께 하고, 다른 사람의 논밭을 순서대로 돌봐 주며 농사를 짓고 먹거리를 얻었지요. 또한 말이나 소를 길들여 농사에 이용하기도 했어요. 사람보다 훨씬 힘이 센 가축이 농사일을 돕게 한 것이지요. 무거운 물건을 나르거나 단단해진 땅을 갈아엎는 데 소나 말의 힘은 아주 큰 도움이 되었답니다.

시간이 지나면서 트랙터나 경운기 같은 기계가 농사에 쓰이게 되었어요. 농기계가 발달하며 땅을 갈아엎는 것뿐 아니라, 자동으로 땅에 새싹을 심는 이앙기나, 추수를 하는 콤바인, 먹을 수 있는 낱알만 골라내는 탈곡기도 발명됐지요. 덕분에 사람이 직접 힘들여 일하지 않아도  되었고, 혼자서도 넓은 땅에서 농사를 지어 많은 식량을 만들어 낼 수 있게 되었어요.

이런 농기구로 농사를 지으려면 석유가 많이 필요해요. 미국처럼 우리나라보다 훨씬 크고 넓은 땅에서 농사를 짓는 곳은 더 크고 힘센 농기구가 필요하므로 석유도 더 많이 필요해요. 또 농촌에서 수확한 먹거리를 도시로 옮기는 일에는 트럭과 기차가 사용되지요. 먹거리를 만들고, 먹거리가 우리 손에 들어오는 과정에서 생각보다 훨씬 많은 석유가 쓰여요. 한정된 지하자원을 계속 끌어다 쓰는 셈이고, 또 그것을 태움으로써 환경을 오염시키기도 하지요. 정말 복잡한 문제죠?

아닐 거야."

그동안 세 아이는 영양소가 적은 땅에서도 잘 자라는 GMO 식물 덕분에 비료가 없어도 충분한 식량을 얻을 수 있었지요. 하지만 땅속에 있는 영양소는 점점 줄어들었고, 결국 거의 다 사라지고 말았어요. 아무리 GMO라도 그런 흙에서는 쑥쑥 자랄 수 없지요.

"비료를 만들 수 있으면 좋을 텐데."

새일이는 유기농 비료를 만들려고 했다 실패한 기억을 떠올렸어요. 제대로 유기농 비료를 만드는 법을 알면 좋겠지만, 우주선 안에서는 알아볼 방법이 없었답니다.

"유기농 비료 말고 화학 비료는 어때? 만들 수 있을까?"

"실험실에서 한번 찾아보자."

실험실에는 실험에 관련된 책도 많이 있어서, 혹시 그 책에 화학 비료를 만들 방법이 있을지도 모른다는 생각이 들었어요.

"약은 함부로 만지거나 섞지 마. 무슨 일이 일어날지 몰라."

실험실에 도착한 순간 해들이가 동진이와 새일이에게 다짐시켰어요. 화학 약품을 잘못 섞으면 독가스가 만들어지거나 바닥이 녹아내릴지도 모르니까요. 실험을 도와줄 전문가가 없으니, 더 신경 쓰고 조심해야 했지요.

"비료를 만들려면 암모니아를 만들어야 한대. 암모니아는 질소와 수소를 이용하면 만들 수 있다는데?"

찾아낸 책에는 아주 간단한 일처럼 설명되어 있었지요. 재료도 찾기 쉬웠어요. 질소와 수소는 모두 아주 흔한 성분이었으니까요. 질소는 공기의 가장 많은 양을 차지하고 있고, 수소는 물을 이루는 중요한 성분이었지요.

"질소는 공기를 얼려서 얻고 수소는 석유에서 얻는대."

"물에도 수소가 많잖아?"

"그건 쉽지 않을 것 같아. 만들 수는 있겠지만 들어가는 노력에 비해 아주 적은 양만 만들어진대."

질소와 수소는 흔한 물질이었지만 우리가 마음대로 쓰는 건 쉽지 않은 물질이에요. 질소는 자기들끼리만 붙어 다니기 때문에 다른 물질과 잘 합쳐지지 않아요. 수소는 보통 다른 물질과 딱 달라붙어 있어서 떼어 내려면 많은 에너지가 필요하지요. 하지만 석유를 이용하면 쉽게 떼어 낼 수 있었어요. 그래서 화학 비료를 만드는 데 석유가 재료로 꼭 들어갔던 거예요. 요즘엔 천연가스에서 정제하는 방식으로 화학 비료용 수소를 뽑아낸다고 해요.

"식량을 만드는 데 석유나 천연가스가 이렇게 중요할 줄이야."

사실, 그게 아니라도 암모니아는 독성이 아주 강하기 때문에 이런 실험실에서 만들면 큰일 나요. 모든 기계가 갖춰진 공장에서만 만들어야 하지요.

"화학 비료 말고 다른 비료는 없을까?"

"옛날에는 새똥도 비료로 썼대."

화학 비료가 만들어지기 전 옛날 사람들은 새똥을 비료로 썼어요. 특히 바다를 날아다니는 새들이 새똥을 싸고 간 섬들이 있는데, 이 똥이 굳어 암석이 된 인광석을 비료로 쓰면 농사가 아주 잘됐다고 해요.

"하지만 여기는 새가 한 마리도 없는걸."

"우리가 해 볼 수 있는 게 더 이상 없는 걸까?"

고기를 만들 때 필요한 것

"큰일 났네……."

동진이가 혼잣말로 중얼거렸어요. 그 소리를 들은 새일이와 해들이가 얼른 근처로 다가와 물어봤어요.

"무슨 일인데?"

동진이는 손에 들고 있던 플라스틱 통을 보여 줬어요. 통 안은 거의 텅 비어 있었고, 톱밥만 조금 굴러다니고 있었어요.

"이게 뭐니?"

"밀웜이 들어 있던 통인데 다 떨어졌어."

메기의 먹이로 쓰던 밀웜이 다 떨어진 것이었어요. 메기 덕분에 수경 재배로 채소를 잔뜩 기를 수 있었는데, 밀웜이 떨어졌으니 메기 밥을 주지 못하게 된 거예요.

"이제 메기는 어떻게 키우지?"

메기는 원래 벌레나 개구리, 작은 물고기를 잡아먹고 사는 동물이에요. 풀을 먹지 않으니 이대로는 메기가 굶어 죽을지도 몰라요.

"큰일이네."

흙의 양분이 다 떨어져 먹을 것이 점점 줄어들고 있었는데, 메기가 없어 아쿠아포닉스를 못 하게 된다면 다시 식량이 부족해질 거예요.

"좋아, 결심했어."

새일이는 잠시 메기를 바라보다가 눈을 질끈 감고 메기를 밖으로 꺼냈어요. 그리고 큰 소리로 외쳤어요.

"잡아먹자!"

새일이는 양손으로 메기를 잡고 노려봤답니다. 한 손으로 메기를 탁자 위에 꽉 누르고 침을 꿀꺽 삼켰어요.

"내가 해 볼게. 예전에 엄마가 생선 잡는 걸 본 적이 있어."

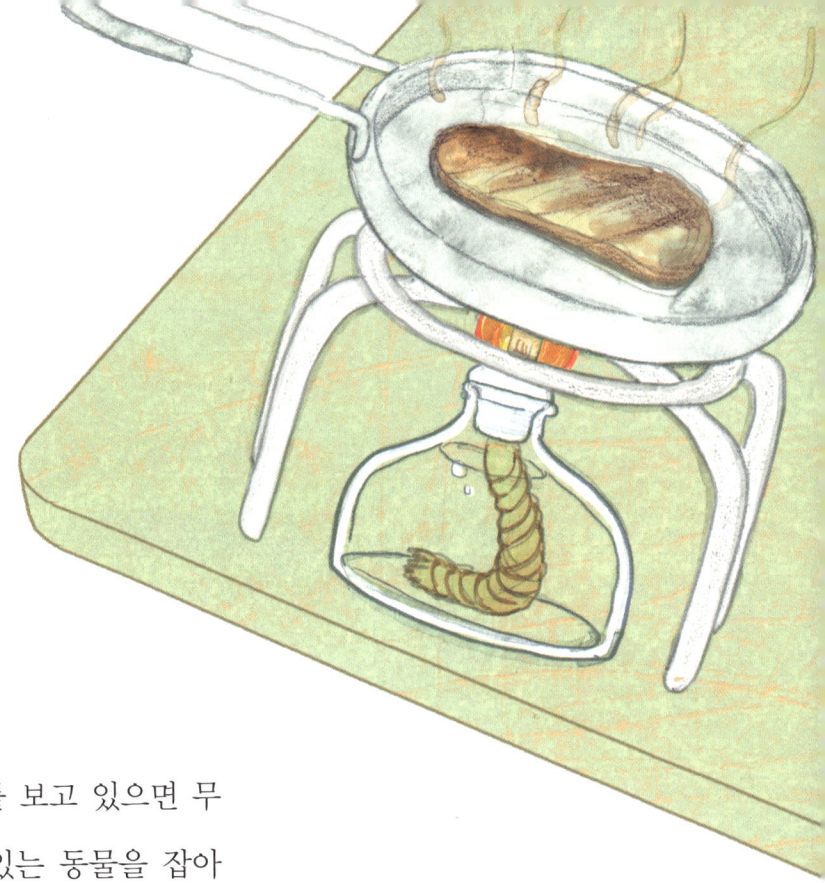

펄떡거리는 메기를 보고 있으면 무섭기도 하고, 살아 있는 동물을 잡아먹는다는 게 불쌍하기도 했어요. 칼을 들고 있는 손이 움찔움찔 떨렸지요.
"힘들면 그냥 둬도 괜찮아."
"아니야! 할 수 있어!"
하지만 어차피 메기는 굶어 죽을 테고, 지금 잡아먹으면 친구들도 한참 더 버틸 수 있다는 생각이 드니까 마음을 다질 수 있었어요.

세 아이들은 새일이가 잡은 메기를 알코올램프로 구워 먹었어요.

오랜만에 먹는 생선은 정말 맛있었어요. 콩이나 감자에도 단백질이 있기는 했지만 고기로 먹는 편이 소화도 잘되고 몸에 좋았지요. 덕분에 힘이 불끈 솟는 것 같았어요.

"고기를 더 먹을 수 있으면 좋을 텐데."

"난 지구로 돌아가면 당분간은 고기만 먹을 거야. 이제 채소는 지긋지긋해!"

해들이가 집에서 먹던 고기를 떠올리며 말했어요. 고기에는 채소에서 얻기 힘든 영양소가 잔뜩 있지요. 특히나 우리 몸의 근육을 이루는 단백질 중에는, 채소에는 아주 조금만 들어 있는 종류도 있어요. 고기를 충분히 먹지 않으면 이 단백질이 부족해, 키가 쑥쑥 자라지 않을 수도 있지요.

"하지만 고기는 정말 얻기 어려운걸."

아쉬운 생각도 들었지만, 지금은 어쩔 수 없었어요. 고기를 만들기 위해서는 동물을 길러야 하는데, 우주선 안에서는 방금 잡아먹은 메기 외에는 동물을 찾아볼 수 없었답니다. 또, 동물에게 주는 먹이도 필요했어요. 사람이 먹을 수도 있는 것을 줘야 하니 어떻게 보면 식량을 낭비하는 일일지도 몰라요.

"아쉽지만 조금만 더 견디자! 꽤 시간이 지났으니 분명 곧 구조대가 올 거야!"

세 아이 모두 얼른 집으로 돌아가 맛있는 음식을 잔뜩 먹는 상상을 했답니다.

무슨 고기를 먹을까?

단백질은 우리 몸의 근육을 비롯한 많은 부분에 꼭 필요하고, 지방은 뇌세포나 신경 세포에 필요해요. 채소나 곡식으로도 얻을 수 있지만, 고기를 적당히 먹으면 훨씬 많은 양의 단백질과 지방을 얻을 수 있어요. 전 세계에서 가장 많이 먹는 고기는 닭고기이고, 소고기나 돼지고기도 많이 먹어요. 우리나라에서는 드물지만, 토끼 고기를 많이 먹는 나라도 있대요. 특히 프랑스에서는 동네 정육점에서도 토끼 고기를 살 수 있다고 해요. 특히 우리나라는 세계에서 수산물을 가장 많이 먹는 나라라고 해요. 섬나라인 일본이나 영국보다 훨씬 더 먹는대요. 우리나라 사람이 즐겨 먹는 수산물은 명태로, 구워 먹거나 찌개를 끓이기도 하고 말리기도 하는 등 여러 가지 요리법이 있어요. 또 고등어나 오징어도 아주 많이 먹어요. 해외에서는 연어가 가장 인기 있는 수산물이에요. 하지만 고기든 수산물이든 뭐든 적당한 양을 먹어야 해요. 너무 많이 먹으면 몸에 여러 가지 문제가 생길 수 있거든요. 너무 살이 쪄 비만이 되기도 하고, 고혈압이 생기기도 해요.

지구가 변하고 있어!

"오늘도 이것뿐이야."

새일이와 동진이, 해들이는 밭에 열린 토마토를 하나씩 따 물로 깨끗하게 씻었어요. 작고 쪼글쪼글했지만 오늘 먹을 것은 이 토마토뿐이었어요. 이대로 더 시간이 지나면 토마토 하나를 셋이 나눠야 할지도 모른다는 생각이 들어 조금 겁도 났지요.

"그래도 알약이 남아서 다행이야. 굶어 죽지는 않을 테니까."

해들이가 새일이와 동진이를 안심시켰어요. 하지만 불안해지기는 마찬가지였답니다. 한창 쑥쑥 클 때인 세 아이는 비상식량 알약만으로 견디기 힘들었으니까요. 건강할 때보다 일찍 피곤해지거나 가끔 가만히 있어도 머리가 어지러워지곤 했어요.

"이제 흙의 영양분이 다 떨어진 것 같아."

화분과 화단의 흙에 있는 영양소가 다 떨어졌는지 GMO도 잘 자라지 못했어요. 흙이 식량을 만들어 내는 힘을 다 잃어버린 것이지요.

"또 다른 문제도 있지 않을까?"

수경 재배로 기르던 풀들도 전보다 훨씬 시들시들해졌거든요.

"맞아. 요즘 좀 더워진 것 같지 않니?"

요즘 우주선 안이 조금씩 더워지고 있었어요. 아무래도 온도 조절 장

지구 온난화와 식량

위기 탈출 미래 식량

식물은 동물보다 온도 변화에 민감해요. 식물에 따라 딱 맞는 온도가 다르기 때문이에요. 식물마다 광합성이 잘되는 온도가 따로 있어요. 너무 덥거나 추우면 광합성으로 영양분을 만드는 속도가 느려져요. 그러면 식물의 성장도 느려지고 열매도 작아지지요.

지구의 식물은 자기 환경에 맞는 온도에 딱 맞게 살고 있어요. 사막에는 선인장이, 정글에는 야자수가, 쌀쌀한 지방에는 소나무가, 더 추운 곳에는 키 작은 나무나 이끼가 살아요.

그런데 지구 전체가 점점 더워지고 있어요. 지구 온난화 때문에 온도가 올라가는데, 식물도 그 변화에 맞춰 조금씩 북쪽으로 움직이고 있다고 해요. 지구 온난화가 더 심해진다면 결국 농사가 힘들어져서 충분한 먹거리를 만들지 못할 수도 있어요.

치가 고장이 난 것 같아요. 지내기 힘들 정도는 아니었지만, 땀 때문에 꽤 불편하게 느껴질 때도 있었답니다.

"우리는 괜찮을지 모르지만 식물은 괴로울지도 몰라."

"그렇네, 우주선 전체가 더워졌으니까."

"조금만 더 견디자. 곧 구조대가 올 거야."

세 아이는 며칠 동안 비상용 알약을 먹으며 견뎠어요. 배고파 기분이 나빠지기도 했지만 스스로 먹거리를 만들어 본 경험 덕에 견딜 수 있었답니다. 먹을 것이 있다는 것이 얼마나 고마운 일인지 직접 먹거리를 만들어 보며 알게 되었어요.

'끼이익! 펑!'

어디선가 커다란 소리가 들렸어요. 터지는 소리와 함께 갑자기 우주선 벽에 구멍이 뚫렸어요.

"얘들아! 거기 있니?"

우렁찬 목소리와 함께 사람들이 잔뜩 달려왔어요. 드디어 구조대가 도착했어요. 구조선은 우주선 벽과 찰싹 달라 붙어 있어서 구멍으로 공기가 빠져나갈 염려는 없었어요.

"살았다!"

구조대는 아이들에게 달려왔어요.

"괜찮니?"

"네!"

세 아이가 기운차게 대답하며 자리에서 일어나자 구조대는 깜짝 놀랐어요. 오랫동안 비상식량만 먹었을 텐데, 의외로 건강해 보였거든요.

"너희들 정말 기특하고 용감하구나. 그렇게 오래 있으면 어른이라도 견디기 힘들었을 거야."

"우리가 여기서 얼마나 잘 먹었는데요!"

세 아이는 동시에 대답하면서 서로 눈빛을 나누며 활짝 웃었답니다.

토론왕 되기!

지구 온난화가 우리 식량에도 영향을 미칠까?

지구 온난화에 의한 기후의 변화는 이미 나타나고 있어요. 다행히 아직 기후 변화 때문에 우리가 먹을 식량이 부족해질 정도는 아니에요. 그래도 기후 변화는 우리의 식생활에 여러 영향을 끼치고 있어요. 가장 큰 어려움을 겪고 있는 부분은 바로 생선이나 조개 등 바다에서 나는 식량이에요. 특히 동해는 기후가 변하며 세계에서 가장 심각한 피해를 받았는데, 한 해에 잡는 물고기의 양이 100년 전보다 35%나 줄어들었다고 해요. 지구 온난화 때문에 바닷물이 따뜻해져도 물고기가 죽지는 않아요. 하지만 물고기가 먹이로 삼는 조개, 해파리, 플랑크톤은 온도 변화를 견디지 못하고 죽거나, 알을 적게 낳아요. 그

해역별 잘 잡히는 어종 변화　　　　　　　　　　　자료: 국립수산과학원

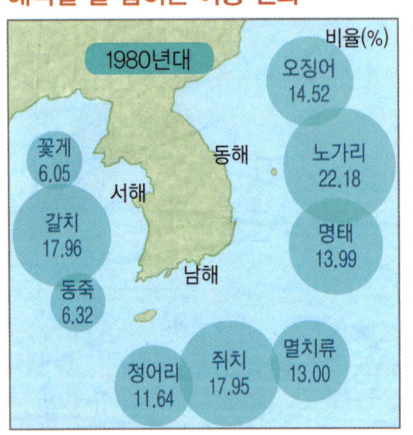
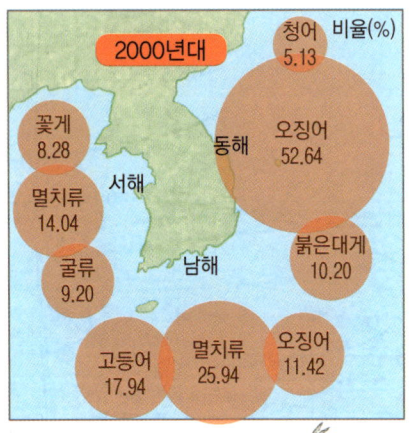

오징어

고등어

멸치

러면 먹을 것이 적어져 물고기의 수도 줄어들지요.
또 기온이 따뜻해지면 벌레가 많아져요. 특히 나뭇잎을 갉아 먹거나 나무 수액을 빨아 먹는 매미나방이나 꽃매미처럼 나무에 해를 끼치는 해충이 많이 늘어나지요.

2019년 대구 달성군 농업기술센터 스마트 온실에서 바나나 시험 재배 성공

우리나라에서 바나나가 재배된다고?

최근에 경남 지역에서 국산 바나나를 재배하는 농가가 생겼는데, 수입산이 훨씬 싸서 일반 소비자들한테까지 오려면 시간이 좀 걸릴 것 같아요.
우리의 주식인 쌀도 지구 온난화 때문에 어려움을 겪고 있어요. 날씨가 더워지고 흐린 날이 많아지면서, 햇빛을 충분히 받지 못하는 벼가 많아진다고 해요. 그렇게 되면 벼는 작은 쌀알을 맺거나, 속이 빈 쌀을 만들기도 해요.
이런 피해를 줄이려면 기후에 적응할 수 있는 새로운 품종을 만들거나 새로운 농사법을 개발해야 하지요. 하지만 지구 온난화로 꼭 나쁜 일만 벌어지는 것은 아니에요. 따뜻한 곳에서 기를 수 있는 채소나 과일을 북쪽에서도 기를 수 있게 되기 때문이지요. 제주도나 남쪽 지방에서만 기르던 귤이 이제 경기도에서도 나오고, 강원도에서 멜론을 기르기도 해요. 날씨가 더 따뜻해지면 아직 우리나라에서 기르지 않는 올리브, 바나나를 기르게 될지도 몰라요.

지구 온난화가 식량 문제에 어떤 영향을 끼칠지 서로 얘기해 보아요.

찾아볼까요?

지구 온난화 때문에 피해를 받는 사람은 누구일까요?
모두 찾아보세요.

1

나는 벼농사를 짓는 농부야. 올해는 구름이 많이 끼어서 벼들이 햇빛을 못 받고 있어.

2

나는 초원에서 양을 길러. 요즘 날씨가 너무 더워서 풀들이 말라 죽고, 초원이 사막이 되고 있어.

3

난 지구 온난화에 대해서 잘 몰라. 그런데 요즘 왜 이렇게 생선 값이 비싸지?

4

우리 모두 다!

⑦ 지구 온난화로 온실가스 배출이 많아져 구름이 많이 끼면 벼가 햇빛을 받을 수 없어요.

정답

> 어려운 용어를 파헤치자!

광합성 식물은 햇빛을 통해 에너지를 얻어요. 공기 중의 이산화탄소를 빨아들이고, 햇빛에 담긴 에너지를 이용해 이산화탄소를 포도당이라는 물질로 합성하지요. 포도당은 식물을 쑥쑥 자라게 하는 데도 쓰이고 열매를 맺는 데도 쓰여요. 또, 광합성을 하고 남은 찌꺼기를 내뱉는데 그게 바로 산소예요.

기아 먹을 것이 없어 배를 곯는 것을 기아라고 해요. 아이가 아니라 어른들도 포함하는 말이랍니다. 배고픔에 시달리지는 않더라도, 필요한 영양소를 구하지 못해 위험한 상황에 처해 있다면 기아라고 볼 수 있어요. 예를 들어 밥이나 빵은 먹을 수 있지만 신선한 채소나 고기를 먹지 못해 우리 몸에 꼭 필요한 영양소가 부족한 사람도 기아에 처했다고 할 수 있어요.

밀웜 갈색거저리 애벌레로 생애주기는 알, 애벌레, 번데기, 성체 단계로, 대체로 3개월 정도면 한 주기가 끝나요. 먹이로 이용하는 때는 애벌레 단계예요. 먹이와 온도에 따라 다르지만 15회 내외로 탈피한 후 번데기가 되고, 번데기에서 2주 정도 지나면 성충이 돼요. 성충으로 부화한 후 처음에는 연한 갈색이다가 점차 검은색으로 변해요. 밀웜은 먹이 없이 한 달간 생존할 수 있어 관리가 매우 편하다고 해요.

비상식량 급한 사태에 대비해 미리 저장해 두는 식량을 뜻해요. 오랫동안 보존할 수 있어야 하고, 불이나 물이 없어도 간편하게 먹을 수 있어야 하지요. 하지만 꼭 정해진 기준은 없어요. 필요에 따라 다양한 비상식량이 있지요. 예를 들어 사막에 갈 때는 귀중한 물을 아끼는 비상식량이 필요하고, 바다에 갈 때는 물에 젖어도 괜찮은 비상식량이 필요해요.

식량 식량이란 말 자체는 먹어서 열량, 즉 에너지를 공급할 수 있는 것을 뜻해요. 맛없거나 오랫동안 먹으면 몸에 좋지 않더라도 일단은 식량이랍니다. 물론 이런 것들은 좋은 식량이 아니에요.

아쿠아포닉스 물고기 양식과 수경재배의 합성어로 물고기와 작물을 함께 길러 수확하는 방식을 말해요. 물고기를 키우면서 발생되는 유기물을 이용해 식물을 수경재배하는 순환형 시스템이죠. 물고기 배설물은 미생물로 분해돼 수조 속 식물의 영양분이 되고, 식물이 질소를 흡수하고 남은 깨끗한 물은 수조로 다시 돌아가는 방식으로 이루어져요.

유기농 인공적으로 만들어진 비료나 농약을 기준보다 적게 써 먹거리를 만드는 것을 말해요. 화학 비료와 농약을 전혀 쓰지 않은 먹거리만 유기농은 아니랍니다. 우리나라는 화학 비료와 농약을 전혀 쓰지 않은 먹거리에 유기농 마크를 붙여 주고, 화학 비료를 기준에 맞춰 쓰고 농약은 전혀 쓰지 않은 먹거리에 무농약 마크를 붙여 줘요.

유전자 우리 몸을 포함한 모든 생물은 작은 세포로 이루어져 있어요. 세포의 중심 DNA라는 물질이 있는데, DNA가 모여 유전자를 이루지요. 유전자에는 우리 몸에 대한 정보가 빠짐없이 적혀 있어, 새로운 세포가 만들어질 때 우리 몸에 필요한 모양으로 생겨나요.

종자 농사를 지을 때 땅에 뿌릴 씨앗을 뜻해요. 옛날에는 채소나 곡식을 수확한 뒤, 일부를 종자로 따로 빼놓은 뒤 다음 해에 심어서 수확을 거두었어요. 하지만 지금은 대부분의 농부가 종자를 사서 쓴답니다.

클로렐라 클로렐라가 지구상에 나타난 것은 약 30억 년 전으로 추정된다고 해요. 클로렐라는 열대에서 한대까지 지구상에 넓게 분포되어 있으며 호수, 연못, 웅덩이 등에서 채취가 가능해요. 클로렐라는 단백질 합성을 왕성하게 해 주며, 조혈 작용을 활발하게 하고, 간과 신장 기능을 향상시켜요. 또한 세포 부활 작용이 있어 세포의 기능을 활발하게 하고, 공해에 대한 신체의 방어력과 회복력을 높이며, 외부에서 침입하는 세균이나 바이러스에 대한 저항력이 강해진다고 해요. 클로렐라의 식물성 다당체는 종양 억제 작용을 하고요. 조혈 작용을 활발하게 하여 빈혈 예방에도 좋아요. 또 골다공증 예방, 중금속 배출, 장기능 개선 등에도 효능이 있다고 알려져 있어요.

크릴새우 남극 새우라고도 하고, 몸 길이는 약 6㎝예요. 부화한 지 약 2년이면 성숙해요. 여름철에 크게 자라서 남극해에 서식하는 수염고래·어류·오징어·해초 따위의 먹이가 돼요. 분포량이 10~30억 t에 이르는 것으로 추정되며 새로운 단백질 식량 자원으로서 일본과 러시아를 비롯하여 각국이 자원 개발에 힘쓰고 있어요.

화학 비료 화학 비료는 식물을 잘 자라게 만드는 성분을 공장에서 만들어 내 섞어 놓은 것이에요. 화학 비료 덕분에 굶주리는 사람도 줄었고, 농부들도 고된 일에서 해방되었답니다. 화학 비료 자체는 식물에 필요한 성분만 있기 때문에 우리 몸에 해롭지는 않아요. 하지만 너무 많이 쓰면 땅의 성분이 바뀌면서 환경 문제를 일으키기도 해요.

미래 식량 관련 사이트

UN 세계 식량 계획 ko.wfp.org
여러 나라가 모여 회의를 하고 문제를 해결하는 단체인 UN에서 만든 단체예요. 세계 곳곳의 굶주리는 아이들에 대한 조사와 연구를 하고 있어요.

농촌진흥청 어린이 홈페이지 rda.go.kr/children/childrenMain.do
농촌진흥청에서 운영하는 홈페이지로, 농산물과 식량에 얽힌 이야기를 볼 수 있어요. 견학을 신청하는 곳도 있어요.

국립식량과학원 www.nics.go.kr
식량 작물, 사료 작물, 풋거름 작물, 바이오 에너지 작물 등의 품종 개량, 재배법 개선, 생산 환경 및 품질 보전에 관한 시험. 연구와 기술 지원에 관한 사무를 관장하고 있어요. 우리나라의 식량 역사 100년을 기록하고 다양한 식량 작물에 대한 정보를 담고 있어요.

식품안전나라 www.foodsafetykorea.go.kr
식품안전정보원에서 운영하는 홈페이지로, 우리 먹거리에 관련된 이슈나 여러 정보를 알 수 있는 곳이에요.

신나는 토론을 위한 맞춤 가이드

미래 식량에 대한 이야기를 재미있게 읽었나요? 이제 전 세계 식량 문제에 대해 척척 박사가 되었나요? 그 전에 마지막 단계인 토론을 잊지 마세요. 토론을 잘하려면 올바른 지식과 다양한 정보가 바탕이 되어야 해요. 책을 다 읽고 친구 또는 엄마와 함께 신나게 토론해 봐요!

잠깐! 토론과 토의는 뭐가 다르지?

토론과 토의는 모두 어떤 문제를 해결하기 위해 의견을 나누는 일입니다. 하지만 주제와 형식이 조금씩 달라요. 토의는 여러 사람의 다양한 의견을 한데 모아 협동하는 일이, 토론은 논리적인 근거로 상대방을 설득하는 일이 중요합니다. 토의는 누군가를 설득하거나 이겨야 하는 것이 아니기 때문에 서로 협력해서 생각의 폭을 넓히고 좋은 결정을 내릴 때 필요해요. 반면 토론은 한 문제를 놓고 찬성과 반대로 나뉘어 서로 대립하는 과정을 거치지요. 넓은 의미에서 토론은 토의까지 포함하는 경우가 많습니다. 토론과 토의 모두 논리적으로 생각 체계를 세우고, 사고력과 창의성을 높이는 데 도움을 준답니다.

토론의 올바른 자세

말하는 사람
1. 자신의 말이 잘 전달되도록 또박또박 말해요.
2. 바닥이나 책상을 보지 말고 앞을 보고 말해요.
3. 상대방이 자신의 주장과 달라도 존중해 주어요.
4. 주어진 시간에만 말을 해요.
5. 할 말을 미리 간단히 적어 두면 좋아요.

듣는 사람
1. 상대방에게 집중하면서 어떤 말을 하는지 열심히 들어요.
2. 비스듬히 앉지 말고 단정한 자세를 해요.
3. 상대방이 말하는 중간에 끼어들지 않아요.
4. 다른 사람과 떠들거나 딴짓을 하지 않아요.
5. 상대방의 말을 적으며 자기 생각과 비교해 봐요.

체계적으로 생각하기
식량과 숲, 어느 쪽을 선택해야 할까요?

지구의 허파라 불리는 아마존의 열대 우림은 지금도 빠르게 파괴되고 있습니다. 브라질 농부들이 열대 우림을 불태워 밭으로 만들기 때문입니다. 다음 기사를 읽고 질문에 답해 보세요.

아마존에서 화재와 산림 벌채는 함께 진행됩니다. 올해 핫스팟(위성 사진에서 적외선 강도가 높은 지역 중에서 산림, 잔디, 경작지, 벌목 잔해 등에서 발생하는 초목 화재 지역을 나타냄) 중 75%가 2017년에는 숲이었습니다. 벌목 및 소를 키우기 위한 땅을 개간하기 위해 불을 지르는 화전 개간이 아마존 화재의 주 원인입니다.

산림 파괴는 기후 위기에 직접적인 영향을 미칩니다. 즉 아마존에서 산림 벌채와 화재가 늘어난다는 것은 온실가스 배출이 늘어나고 지구 온난화가 악화되며 지구 곳곳에서 더 강력하고 위험한 이상 기후가 발생한다는 뜻입니다. 산림 벌채는 탄소 배출량을 증가시키는 것은 물론 지역의 강우 패턴 변화에 직접적으로 영향을 주어 건기를 연장시키며 우리의 숲과 생물 다양성, 식량 및 인류의 건강 역시 더 큰 위협 앞에 놓이게 됩니다.

"숲은 이제 감당할 수 있는 한계점에 위험할 만큼 가까워졌습니다. 아마존 산림 파괴는 브라질의 경제에만 악영향을 미치는 게 아니라, 지구 전체의 기후와 멸종 위기 야생 동물들, 수천 명의 시민들의 삶에 직접적인 영향을 줍니다. 지금 당장 산림 파괴를 멈추기 위한 조치를 취하는 것이 우리 모두의 목표이며, 국가 지도자들의 의무입니다."

그린피스 2019/08/27

1. 아마존 숲이 줄어들면 생기는 문제는 무엇일까요?

2. 아마존 열대 우림이 있는 브라질에선 많은 사람이 농사를 지으며 살아가고 있습니다. 농사를 짓기 위해 숲을 불태워도 괜찮을까요?

3. 다른 나라가 브라질에게 열대 우림을 보존하라고 하면, 브라질 정부는 선진국들이 먼저 환경을 해쳐 잘사는 나라가 되었으면서 다른 나라가 돈 버는 것을 막는다고 말해요. 이런 걸 다른 나라가 올라올 기회를 막는다고 해서 '사다리 걷어차기'라고 한답니다. 누구의 말이 옳을까요?

논리적으로 말하기 1
GMO는 안전할까요, 위험할까요?

GMO는 아직 위험한지 안전한지 정확히 밝혀지지 않았습니다. 과연 GMO는 식량 문제를 해결하는 데 도움이 될까요?

유전자 조작 식품(GMO)과 안전성

- 한국소비자원의 선행 연구 결과에 따르면 언론 등을 통한 잦은 노출로 유전자 변형 식품에 대한 우리 국민의 인지도는 약 85.7%로 매우 높은 수준임.
- GMO 농산물의 개발 이익에 대해서는 59.7%의 소비자가 식량 증산 및 기아 해결에 도움을 줄 것이라고 생각하면서도, GMO 식품의 안전성에 대해서는 71.6%의 소비자가 의구심을 보여 주고 있었으며, 식품 독성(53.3%) 다음으로 우려하는 부분은 환경에 대한 위해 가능성(40.7%)인 것으로 나타남.
- 이러한 이유로 약 70%의 소비자는 GMO 식품에 대한 구매 거부 의사를 나타내고 있으며 후속 연구 결과도 유사한 추세를 보이고 있음.
- GMO는 인류가 한 번도 먹어 보지 않았던 식품이라는 점에서 수천 년간 섭취를 통해 검증된 다른 식품들과는 달리 근본적인 위험성을 안고 있음.
- 또한, 현재의 안전성 평가 기술로는 GMO 섭취의 장기적이고 누적적인 악영향을 검증할 수 없는 실정임.
- 단기간 또는 외견상으로는 아무런 문제가 발생하지 않는다 하더라도, 장기간 섭취 시 특성 물질이 체내에 축적되면 위험이 발생할 수 있음.
- 광우병은 소가 동물성 사료를 먹은 지 10년 만에 나타났고, 그 뒤 10년이 지나서 사람에게 나타남.
- 이에 따라, 대부분의 국가들은 GMO의 안전성을 검증할 목적으로 안전성 평가 및 심사 제도를 마련하고 있으나 평가 항목, 방법에 대해서도 다양한 논쟁이 진행되고 있는 실정임.

2014년 소비자안전국 식약안전팀 보고서

1. 위 보고서에서 GMO가 위험하다고 주장하는 근거는 무엇일까요?

2. GMO를 찬성하는 쪽은 실험 결과 GMO의 해로움이 나타나지 않았으니 먹어도 좋다고 주장합니다. 어느 쪽 말을 들어야 할까요?

3. 우리나라는 GMO 콩을 수입하고 있습니다. 하지만 콩을 직접 먹지 않고 기름을 짜내는 용도로만 씁니다. GMO가 위험하다면, GMO 콩으로 짠 기름은 안전할까요?

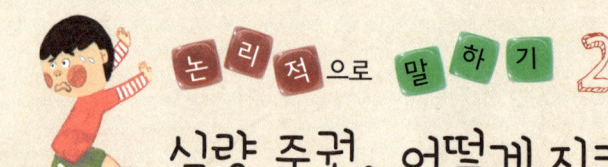

논리적으로 말하기 2
식량 주권, 어떻게 지켜야 할까요?

식량 주권을 지키려면 우리는 어떻게 해야 할까요? 다음 기사를 읽고 답해 보면서 식량 주권의 중요성을 생각해 보세요.

코로나19가 빠른 속도로 전 세계에 확산되고 있는 가운데 WTO(세계무역기구)는 전 세계적인 무역량의 축소가 급격히 심화되고 있다고 밝혔다. 이 중 특히 주요 식량 생산 국가들의 식량 수출 중단 사태가 이어지고 있다. ATC(아시아무역센터)는 각 국가가 식량 재고와 식량 안보에 불안해 하며 수출을 중단하거나 식량 수입을 제한하는 조치를 취할 것이라고 전망했는데, 이는 곧 현실화됐다.

세계 3위 쌀 수출국인 베트남은 올해 3월 24일부터 쌀 수출을 중단했다가 4월 들어서야 전년 대비 40% 감소한 물량을 수출하고 있다. 연간 약 50만의 쌀을 수출하는 캄보디아도 4월 5일부터 흰쌀과 벼 수출을 중단했다. 러시아는 3월 중 모든 종류의 곡물 수출을 10일간 제한한 바 있다. 세계 최대 쌀 수출국인 인도에서는 국가 봉쇄령 때문에 수출하려던 쌀이 항구에 묶여 있는 상황이다.

이와 관련 유엔의 데이비드 비슬리 WFP(세계식량계획) 사무총장은 최근 한 매체와의 인터뷰에서 "일부 국가가 만약 농작물 수출을 하지 않는다면, 식량 배급이 느려져 영양실조가 증가해 코로나19나 전염병에 취약한 개발 도상국에서의 피해가 늘어날 것"이라고 밝히면서 "식량 수출 중단뿐만 아니라 경기 침체로 인해 자금 지원이 끊기면 매일 15만 명이 사망할 수 있다"는 걱정스런 전망을 내놨다. 이 같은 상황은 우리나라 정부도 인지하고 있다. 김용범 기획재정부 1차관은 지난달 10일 "러시아, 베트남, 우크라이나 등 국제 주요 식량 생산국들이 식량 수출을 제한하고 있다"고 전하면서 "각국의 수출 제한 조치가 장기화될 것에 대비해 국제 곡물 시장 모니터링 등을 통해 선제적으로 대응할 필요가 있다"고 강조했다. 이처럼 코로나19로 인한 식량 위기설이 제기되는 등 우려의 목소리가 커지고 있다.

(중략)

이번 코로나19 사태는 파동을 넘어 식량 위기를 낳을 수 있다는 전망이 쏟아지고 있다. 코로나19 상황에서 설상가상으로 이상 기후라도 발생되면 더욱 심각한 식량 위기 사태가 도래할 수 있다.

우리나라의 식량 자급률은 쌀과 콩을 제외하면 대부분 30% 미만이다. 때문에 식량 위기에 대비한 식량 주권의 강화는 우리나라가 앞으로 풀어야 할 핵심적인 과제다. 장기적인 관점에서 지속적으로 대비하고 준비해야 한다. 결론적으로 식량 자급력을 확보해 식량 자급률을 꾸준히 높여야 한다. 식량 자급률 향상은 식량 주권을 강화시킨다.

축산경제신문 2020/05/01

1. 만약 일부 국가가 농작물을 수출하지 않는다면 어떤 일이 생길지 기사 내용을 읽고 말해 보세요.

2. 우리나라의 경우 식량 자급률은 얼마나 되며, 식량 위기 상황에서 잘 대처할 수 있는 방안에는 무엇이 있을지 자유롭게 말해 보세요.

식량 문제를 근본적으로 해결하려면?

땅이 못 쓰게 되는 문제, 지구 온난화 문제, 늘어나는 인구 문제, 식량이 필요한 곳까지 도착하지 못하는 문제 등 식량 문제에는 많은 원인이 있어요. 많은 과학자가 식량 문제를 해결하기 위한 미래의 식량을 찾고 있지요. 하지만 아직 좋은 해결법은 찾지 못했어요. 여러분이 생각할 수 있는 기발한 해결법이 있을까요?

예시 답안

식량과 숲, 어느 쪽을 선택해야 할까요?

1. 온실가스를 늘려 지구 온난화가 심해진다.
2. 숲이 사라지고 지구 온난화가 심해지면 농부들도 피해를 받게 되니 숲을 지켜야 한다.
3. 예시 ① 환경을 지키는 데 있어서 가난한 나라가 부유한 나라보다 더 큰 대가를 치러야 하는 것은 옳지 않다.
   예시 ② 환경 문제는 부자 나라와 가난한 나라의 구분 없이 우리 모두가 해결해야 한다.

GMO는 안전할까요, 위험할까요?

1. GMO는 우리가 먹어 왔던 식량과 다르다. 아직 위험성이 밝혀지지 않았지만, 오랫동안 먹으면 나쁜 영향을 끼칠 수도 있다.
2. 예시 ① 식량은 우리 모두의 생명이 걸린 일이니 확실하게 안전하다고 밝혀져야 한다.
   예시 ② 위험성이 없다면 믿고 식량 문제를 해결하는 데 활용해야 한다고 생각한다.
3. 예시 ① 기름에는 GMO 콩에 남아 있는 성분이 없으니 안전하다.
   예시 ② GMO에서 해로운 성분이 만들어진다면 그 콩으로 만든 기름에도 해로운 성분이 남아 있을 수 있다.

식량 주권, 어떻게 지켜야 할까요?

1. 베트남, 캄보디아, 러시아, 인도 등이 코로나19가 확산되고 있는 상황에서 곡물 수출을 제한하거나 국가 봉쇄령 때문에 수출을 원활하게 하지 못하는 상황이 되었을 때 저소득 국가의 식량 배급이 느려져 영양실조가 증가할 수 있다. 특히 코로나19처럼 전염병에 취약한 개발 도상국에서의 피해가 더욱 늘어날 것이다.
2. 우리나라의 식량 자급률은 쌀과 콩을 제외하면 대부분 30% 미만으로, 생각보다 높지 않은 편이다. 따라서 식량 위기에 대비하여 정책적으로 자급률을 높일 필요가 있고, 다른 국가와의 원활한 무역 교류를 통해 위기 상황에 상호 도움을 주고받을 수 있도록 협력 관계를 잘 구축하는 것이 필요하다.

이제 토

AI 시대 미래
토론

과학토론왕
정가 520,000원

✅ 뭉치북스가 만든 국내 최초 토론
✅ 한국디베이트협회와 교

200만 부 판매 돌파!

사회토론왕
정가 520,000원

✓ 초등 국어 교과서 선정 도서!
문가들이 강력 추천한 책!

- 한우리 추천도서
- 경향신문 추천도서
- 경기도 초등토론 교육연구회 추천
- 경기도 지부 독서 골든벨 선정도서
- 환경정의 어린이 환경책 권장도서
- 학교도서관 사서협의회 추천도서
- 한국 아동문학인협회 우수도서

뭉치수학왕

수학이 쉬워지고, 명작보다 재미있는

"인공지능(AI) 시대의 힘은 수학에서 나온다!"

개념 수학

〈수와 연산〉
1. 양치기 소년은 연산을 못했대
2. 견우와 직녀가 분수 때문에 싸웠대
3. 가우스, 동화 나라의 사라진 0을 찾아라
4. 가우스는 소수 대결로 마녀들을 물리쳤어
5. 앨런, 분수와 소수로 악당 히들러를 쫓아내라
6. 약수와 배수로 유령 선장을 이긴 15소년

〈도형〉
7. 헨젤과 그레텔은 도형이 너무 어려워
8. 오일러와 피노키오는 도형 춤 대회 1등을 했어
9. 오일러, 오즈의 입체도형 마법사를 찾아라
10. 유클리드, 플라톤의 진리를 찾아 도형 왕국을 구하라
11. 입체도형으로 수학왕이 된 앨리스

〈측정〉
12. 쉿! 신데렐라는 시계를 못 본대
13. 알쏭달쏭 알라딘은 단위가 헷갈려
14. 아르키는 어림하기로 걸리버 아저씨를 구했어
15. 원주율로 떠나는 오디세우스의 수학 모험

〈규칙성〉
16. 떡장수 할머니와 호랑이는 구구단을 몰라
17. 페르마, 수리수리 규칙을 찾아라
18. 피보나치, 수를 배열해 비밀의 방을 탈출하라
19. 비례배분으로 보물섬을 발견한 해적 실버

〈자료와 가능성〉
20. 아기 염소는 경우의 수로 늑대를 이겼어
21. 파스칼은 통계 정리로 나쁜 왕을 혼내 줬어
22. 로미오와 줄리엣이 첫눈에 반할 확률은?

창의 사고 수학

〈문장제〉
23. 개념 수학-백점 맞는 수학 문장제①
24. 개념 수학-백점 맞는 수학 문장제②
25. 개념 수학-백점 맞는 수학 문장제③

〈융합 수학〉
26. 쌍둥이 건물 속 대칭축을 찾아라(건축)
27. 열차와 배에서 배수와 약수를 찾아라(교통)
28. 스포츠 속 황금 각도를 찾아라(스포츠)
29. 옷과 음식에도 단위의 비밀이 있다고?(음식과 패션)
30. 꽃잎의 개수에 담긴 수열의 비밀(자연)

〈창의 사고 수학〉
31. 퍼즐탐정 썰렁홈즈①-외계인 스콜피오스의 음모
32. 퍼즐탐정 썰렁홈즈②-315일간의 우주여행
33. 퍼즐탐정 썰렁홈즈③-뒤죽박죽 백설 공주 구출 작전
34. 퍼즐탐정 썰렁홈즈④-'지지리 마란드리' 방학 숙제 대작전
35. 퍼즐탐정 썰렁홈즈⑤-수학자 '더하길 모테'와 한판 승부
36. 퍼즐탐정 썰렁홈즈⑥-설국언자 기관사 '어러도 달리능기라'
37. 퍼즐탐정 썰렁홈즈⑦-해설 및 정답

수학 개념 사전
38. 수학 개념 사전①-수와 연산
39. 수학 개념 사전②-도형
40. 수학 개념 사전③-측정·규칙성·자료와 가능성

정가 520,000원